러시아어
토르플 3급
실전 모의 고사
①

러시아어 토르플 3급 실전 모의 고사
❶

초판 인쇄 2023년 09월 22일
초판 발행 2023년 09월 25일

지은이 Вознесенская И.М., Гончар И.А., Ерофеева И.Н., Колесова Д.В., Хорохордина О.В., Попова Т.И., Александрова Т.И., Дубинина Н.А., Ильичёва И.Ю., Пономарёва М.А., Птюшкин Д.В.
답안 발렌티나 보즈코 (Валентина Вожко)

펴낸이 김선명
펴낸곳 뿌쉬낀하우스
편집 김현정, 미하일로바 다리야
디자인 박서현

주소 서울시 중구 퇴계로20나길 10, 신화빌딩 202호
전화 02) 2237-9387
팩스 02) 2238-9388
홈페이지 www.pushkinhouse.co.kr

출판등록 2004년 3월 1일 제2004-0004호

ISBN 979-11-7036-082-7
978-89-92272-64-3 (세트)

© OOO Центр «Златоуст», 2021
Настоящее издание осуществлено по лицензии, полученной от ООО Центр «Златоуст»
© Pushkin House, 2022

이 책의 한국어판 저작권은 «Златоуст» 출판사와 독점 계약한 뿌쉬낀하우스에 있습니다.
저작권법에 의해 한국 내에서 보호를 받는 저작물이므로 무단 전재와 무단 복제를 금합니다.

※잘못된 책은 바꿔 드립니다.

Тест по русскому языку как иностранному
Третий сертификационный уровень

토르플 고득점을 위한 모의고사 시리즈

TORFL
러시아어
토르플 3급
실전 모의 고사 ①

Вознесенская И.М., Гончар И.А., Ерофеева И.Н., Колесова Д.В.,
Хорохордина О.В., Попова Т.И., Александрова Т.И., Дубинина Н.А.,
Ильичёва И.Ю., Пономарёва М.А., Птюшкин Д.В 지음

뿌쉬낀하우스

※ MP3 파일은 뿌쉬낀하우스 홈페이지(www.pushkinhouse.co.kr) 자료실에서 무료로 다운로드 받을 수 있습니다.

contents

토르플 길라잡이 _6

1부 테스트

Субтест 1.   ЛЕКСИКА. ГРАММАТИКА 어휘, 문법 영역 _11

Субтест 2.   ЧТЕНИЕ 읽기 영역 _29

Субтест 3.   ПИСЬМО 쓰기 영역 _47

Субтест 4.   АУДИРОВАНИЕ 듣기 영역 _54

Субтест 5.   ГОВОРЕНИЕ 말하기 영역 _62

2부 정답

어휘, 문법 영역 정답 _73

읽기 영역 정답 _76

쓰기 영역 예시 답안 _78

듣기 영역 정답 및 녹음 원문 _81

말하기 영역 예시 답안 _87

첨부: 답안지 РАБОЧИЕ МАТРИЦЫ _101

1. 토르플 시험이란?

토르플(TORFL)은 'Test of Russian as a Foreign Language'의 약자로 러시아 교육부 산하기관인 '러시아어 토르플 센터'에서 주관하는 외국인 대상 러시아어 능력 시험이다. 기초 단계에서 4단계까지 총 여섯 단계로 나뉘어 있으며 시험 과목은 어휘·문법, 읽기, 듣기, 쓰기, 말하기의 다섯 영역으로 구성되어 있다. 현재 토르플은 러시아 내 대학교의 입학 시험, 국내 기업체, 연구소, 언론사 등에서 신입사원 채용 시험 및 직원들의 러시아어 실력 평가를 위한 방법으로 채택되고 있다.

2. 토르플 시험 단계

토르플 시험은 기초단계, 기본단계, 1단계, 2단계, 3단계, 4단계로 나뉘어 있다.

- 기초단계 (элементарный уровень)
  일상생활에서 필요한 최소한의 러시아어 구사가 가능한 가장 기초 단계이다.

- 기본단계 (базовый уровень)
  일상생활에서 필요한 기본적인 의사 소통이 가능한 단계이다.

- 1단계 (I сертификационный уровень)
  일상생활에서의 자유로운 의사소통뿐만 아니라, 사회, 문화, 역사 등의 분야에서 러시아인과 대화가 가능한 공인단계이다. 러시아 대학에 입학하기 위해서는 1단계 인증서가 필요하며, 국내에서는 러시아어문계열 대학졸업시험이나 기업체의 채용 및 사원 평가 기준으로도 채택되고 있다.

- 2단계 (II сертификационный уровень)
  원어민과의 자유로운 대화뿐만 아니라, 문화, 예술, 자연과학, 공학 등 전문 분야에서도 충분히 의사소통이 가능한 공인단계이다. 2단계 인증서는 러시아 대학의 비어문계 학사 학위 취득을 위한 요건이며 석사 입학을 위한 자격 요건이기도 하다. 1단계와 마찬가지로 국내에서는 러시아어문계열 대학졸업시험이나 기업체의 채용 및 사원 평가 기준으로도 채택되고 있다.

· 3단계 (III сертификационный уровень)

　사회 전 분야에 걸쳐 고급 수준의 의사소통 능력을 지니고 있어 러시아어로 전문적인 활동이 가능한 공인단계이다. 러시아 대학의 비어문계열 석사와 러시아어문학부 학사 학위를 취득하기 위해서 3단계 인증서가 필요하다.

· 4단계 (IV сертификационный уровень)

　원어민에 가까운 러시아어 구사 능력을 지니고 있는 가장 높은 공인단계로, 이 단계의 인증서를 획득하면 러시아어문계열의 모든 교육과 연구 활동이 가능하다. 4단계 인증서는 러시아어문학부 석사, 비어문계열 박사, 러시아어 교육학 박사 등의 학위를 취득하기 위한 요건이다.

3. 토르플의 시험영역

　토르플 시험은 어휘·문법, 읽기, 듣기, 쓰기, 말하기의 다섯 영역으로 구성되어 있다.

· 어휘·문법 영역 (ЛЕКСИКА. ГРАММАТИКА)
　객관식 필기 시험으로 어휘와 문법을 평가한다. (*사전 이용 불가)

· 읽기 영역 (ЧТЕНИЕ)
　객관식 필기 시험으로 주어진 본문과 문제를 통해 독해 능력을 평가한다. (*사전 이용 가능)

· 듣기 영역 (АУДИРОВАНИЕ)
　객관식 필기 시험으로 들려 주는 본문과 문제를 통해 이해 능력을 평가한다. (*사전 이용 불가)

· 쓰기 영역 (ПИСЬМО)
　주관식 필기 시험으로 주제에 알맞은 작문 능력을 평가한다. (*사전 이용 가능)

· 말하기 영역 (ГОВОРЕНИЕ)
　주관식 구술 시험으로 주어진 상황에 적합한 말하기 능력을 평가한다. (*사전 이용이 가능한 문제도 있음)

4. 토르플 시험의 영역별 시간

구　　　분	기초 단계	기본 단계	1단계	2단계	3단계	4단계
어휘·문법 영역	40분	50분	60분	90분	90분	60분
읽기 영역	40분	50분	50분	60분	60분	60분
듣기 영역	30분	30분	35분	35분	35분	45분
쓰기 영역	30분	50분	60분	55분	75분	80분
말하기 영역	20분	25분	60분	45분	40분	50분

*토르플 시험의 영역별 시간은 시험 시행기관마다 조금씩 다를 수 있습니다.

5. 토르플 시험의 영역별 만점

구　　분	기초 단계	기본 단계	1단계	2단계	3단계	4단계
어휘·문법 영역	100	100	165	150	100	140
읽기 영역	120	180	140	150	150	127
듣기 영역	100	150	120	150	150	150
쓰기 영역	40	80	80	65	100	95
말하기 영역	90	120	170	145	150	165
총 점수	450	630	675	660	650	677

6. 토르플 시험의 합격 점수

구　　분	기초 단계	기본 단계	1단계	2단계	3단계	4단계
어휘·문법 영역	66-100점 (66%이상)	66-100점 (66%이상)	109-165점 (66%이상)	99-150점 (66%이상)	66-100점 (66%이상)	92-140점 (66%이상)
읽기 영역	79-120점 (66%이상)	119-180점 (66%이상)	92-140점 (66%이상)	99-150점 (66%이상)	99-150점 (66%이상)	84-127점 (66%이상)
듣기 영역	66-100점 (66%이상)	99-150점 (66%이상)	79-120점 (66%이상)	99-150점 (66%이상)	99-150점 (66%이상)	99-150점 (66%이상)
쓰기 영역	26-40점 (66%이상)	53-80점 (66%이상)	53-80점 (66%이상)	43-65점 (66%이상)	66-100점 (66%이상)	63-95점 (66%이상)
말하기 영역	59-90점 (66%이상)	79-120점 (66%이상)	112-170점 (66%이상)	96-145점 (66%이상)	99-150점 (66%이상)	109-165점 (66%이상)

1부 테스트

Субтест 1. ЛЕКСИКА. ГРАММАТИКА

Инструкция по выполнению теста

- **Время выполнения теста — 90 минут.**
- Тест состоит из 4 частей (100 заданий).
- При выполнении теста пользоваться словарём нельзя.
- Вы получили задания, инструкции к заданиям и матрицы.
- **Напишите в матрице фамилию, имя, страну и дату тестирования.**
- **В заданиях 1–13, 18–100** вам нужно выбрать вариант ответа и отметить его в соответствующей матрице. Выбирая ответ, отметьте букву, которой он обозначен.

Например:

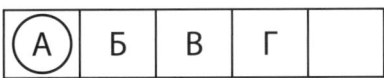

(Вы выбрали вариант А).

Если вы изменили свой выбор, сделайте так:

Например:

(Ваш выбор — вариант В, вариант А — ошибка).

В заданиях 14–17 вам нужно вписать в матрицу напротив соответствующего номера одно слово, подходящее по смыслу и в нужной грамматической форме.

Отмечайте ваш выбор только в матрице, в тесте ничего не пишите! Проверяться будет только матрица.

ЧАСТЬ 1

Задания 1–13. Выберите один вариант ответа и отметьте его в матрице.

1	Иван не любит уезжать из родного города, а тут взял и _____ в Австралию.	А Б В Г	отправляется отправлялся отправился отправится
2	После победы нашей команды в финале этого чемпионата по футболу мы обязательно _____ праздник.	А Б В Г	устроим устраиваем устроили устраивали
3	Не отказывайся от участия в проекте: таких предложений ты никогда больше не _____ .	А Б В Г	получала получаешь получишь получила
4	Чем весь день играть на компьютере, лучше _____ на улице с ребятами.	А Б В Г	погулял бы погуляешь погулял погуляете
5	Стоило Леночке _____ вышивкой, как рисование было забыто, и краски с тех пор пылились на полке.	А Б В Г	увлеклась увлекаться увлечься увлечься бы
6	— Опять наши проиграли. Совсем не умеют играть. — Не _____! Хорошая команда, и прошлую серию они же выиграли!	А Б В Г	говорите скажите сказать говорить
7	Не _____ вы в городе, застряли бы в этой глуши надолго.	А Б В Г	заправились заправиться заправься заправитесь

8	С такой зарплатой я каждый месяц _____ себе новое платье.	А Б В Г	покупаю куплю купила буду покупать
9	«_____ вы к нам как-нибудь!» — предложила соседка.	А Б В Г	Зайди Зашли Зашли бы Зайти
10	Молодёжь _____ к новой информации.	А Б В Г	восприимчивая восприимчивы восприимчива восприимчив
11	Многие _____ преувеличивать значение наследственности.	А Б В Г	склонные склонны склонно склонными
12	Журналист был _____, что написал блестящую статью.	А Б В Г	гордым гордый гордо горд
13	Перед путешественниками лежала степь, _____ .	А Б В Г	просторная и загадочна просторной и загадочной просторная и загадочная просторна и загадочная

Задания 14–17. Вам предъявлен текст, **аннотация** сборника научных статей «Эмоции в языке и речи». Впишите в матрицу напротив соответствующего номера слово, **подходящее по смыслу и в соответствующей грамматической форме**.

АННОТАЦИЯ

Сборник статей **(14)** _____ на основе докладов, прочитанных на научной конференции «Эмоции в языке и речи». В статьях с различных точек зрения **(15)** _____ феномен эмоциональности и эмоций. Сборник **(16)** _____ лингвистам, филологам, социологам, психологам, политологам и всем, кто **(17)** _____ данной проблематикой.

Задания 18–20. Выберите предикат, характерный для **газетно-публицистического стиля**. Отметьте свой выбор в матрице.

18	Наводнение _____ экономике этого островного государства.	А Б В Г	возместило вред нанесло вред устранило вред повредило
19	Демократическая партия пришла к власти: на выборах она _____ над консервативными силами.	А Б В Г	принесла победу одержала победу засчитала победу победила
20	Боксёры _____ в новом спортивном комплексе.	А Б В Г	занялись поединком сделали поединок составили поединок провели поединок

Задания 21–25. К выделенным выражениям подберите близкие по смыслу конструкции. Отметьте свой выбор в матрице.

21	Начинающему бегуну не догнать чемпиона.	А	Начинающему бегуну нельзя догонять чемпиона.
		Б	Начинающий бегун может не догнать чемпиона.
		В	Начинающий бегун не может догнать чемпиона.
		Г	Начинающий бегун не обязан догонять чемпиона.
22	Не коллегам упрекать Андрея.	А	Коллеги не могут не упрекать Андрея.
		Б	Коллеги не должны упрекать Андрея.
		В	Не коллеги упрекают Андрея.
		Г	Коллеги не хотят упрекать Андрея.
23	Бизнесмену никак не заключить новый контракт.	А	Бизнесмен не должен заключать новый контракт.
		Б	Бизнесмен решил никогда не заключать новый контракт.
		В	Бизнесмен не может заключить новый контракт.
		Г	Бизнесмен не может не заключить новый контракт.

24	**Им не от кого ждать помощи.**	А	Они ни от кого не ждали помощи.
		Б	Им ни от кого не нужна помощь.
		В	Нет ничего, что им бы могло помочь.
		Г	Нет никого, от кого бы они могли ждать помощи.
25	Мой партнёр был груб с клиентами, а **я теперь исправляй его ошибки**.	А	я хочу исправить его ошибки
		Б	я исправлял его ошибки
		В	я могу исправлять его ошибки
		Г	я вынужден исправлять его ошибки

ЧАСТЬ 2

Задания 26–46. Выберите один вариант ответа и отметьте его в матрице.

26	Инженер размышлял _____ сложной технической проблемы.	А	от решения
		Б	в решении
		В	над решением
		Г	по решению
27	На занятии _____ новой темы необходимо повторение ранее изученного материала.	А	наряду с изучением
		Б	за изучением
		В	в отношении изучения
		Г	исходя из изучения

28	Компьютеры быстро ломаются, когда _____ обращаются небрежно.	А Б В Г	к ним с ними для них на них
29	Мы можем судить о результатах, _____, представленных комиссией.	А Б В Г	путём данных в заключении данных ввиду данных исходя из данных
30	Он вырвался из нищеты _____ .	А Б В Г	ввиду обстоятельств наперекор обстоятельствам в отличие от обстоятельств в случае обстоятельств
31	_____ гарантийного срока ремонт прибора производится платно.	А Б В Г	В продолжение По истечении По мере Во избежание
32	Моя комната невелика _____ .	А Б В Г	в длину в длине длиной при длине
33	Эта путёвка приемлема _____ .	А Б В Г	по цене в цену в цене с ценой
34	Наш новый начальник немолод _____ .	А Б В Г	от вида к виду с видом с виду

35	Катя очень умная и сообразительная девочка, но склонна _____ .	А Б В Г	к лени с ленью на лени от лени
36	При разговоре нужно повернуться _____ к собеседнику.	А Б В Г	в лицо к лицу лицом на лицо
37	Мне неловко _____ , что отнимаю у вас время.	А Б В Г	за вас с вами вам перед вами
38	Публика в восторге _____ Большого театра.	А Б В Г	от нового спектакля с новым спектаклем на новый спектакль новым спектаклем
39	Малыш ударился _____ стола и заплакал.	А Б В Г	в край о край на край на краю
40	Наша продукция не тестируется _____ .	А Б В Г	на животных животным у животных для животных
41	В русских сказках лягушка превращается _____ .	А Б В Г	принцессой в принцессу на принцессу в принцессе
42	Есть ли у вас сбережения, или вы живёте только _____ ?	А Б В Г	пенсию на пенсии на пенсию с пенсией

43	Джон _____ отметил в тесте не тот вариант ответа, который хотел.	А Б В Г	из невнимательности благодаря невнимательности по невнимательности от невнимательности
44	Правительство заложило в бюджет следующего года существенные расходы _____ .	А Б В Г	на экологию ради экологии для экологии к экологии
45	Оценивая перспективы своего фильма войти в шортлист престижного международного конкурса, режиссёр смотрит на ситуацию _____ .	А Б В Г	к надежде при надежде в надежде с надеждой
46	Дипломаты вовлечённых в конфликт стран провели совещание _____ .	А Б В Г	преодоления кризиса с преодолением кризиса по преодолению кризиса к преодолению кризиса

Задания 47–48. Выберите один вариант ответа, который соответствует **значению** выделенных выражений. Отметьте свой выбор в матрице.

47	К сожалению, **в силу всем известных обстоятельств**, наше путешествие пришлось отложить.	А Б В Г	когда? почему? зачем? каким образом?
48	Полиция, **предотвращая человеческие жертвы**, вступила в переговоры с нарушителями правопорядка.	А Б В Г	в какой мере? каким образом? вследствие чего? с какой целью?

Задания 49–50. Выберите один вариант ответа, который по смыслу наиболее близок данным предложениям. Отметьте свой выбор в матрице.

49	Певица отвечала на вопросы всего минуты три.	А	Певица отвечала на вопросы что-нибудь 3 минуты.
		Б	Певица отвечала на вопросы как-нибудь 3 минуты.
		В	Певица отвечала на вопросы каких-нибудь 3 минуты.
		Г	Певица отвечала на вопросы когда-нибудь 3 минуты.
50	Он не понимает некоторых вещей.	А	Он чего-либо не понимает.
		Б	Он чего-нибудь не понимает.
		В	Он ничего не понимает.
		Г	Он кое-чего не понимает.

ЧАСТЬ 3

Задания 51–73. Выберите один вариант ответа и отметьте его в матрице.

51	Я не знаю, почему Иван никак не может выбрать себе новую машину: _____ дизайн ему не нравится, _____ цена кажется завышенной.	А	не то … не то …
		Б	ни … ни …
		В	и … и …
		Г	ли … ли …

52	Организация этого ознакомительного тура безобразна: _____ тему экскурсии изменят, … гид опоздает, _____ автобус сломается.	А Б В Г	то ли … то ли … то ли … то … то … то … ни … ни … ни … не то … не то … не то …
53	Родители очень довольны организованностью своей дочери: она _____ учится с увлечением, … подрабатывать успевает, _____ спортом регулярно занимается.	А Б В Г	не то … не то … не то … то ли … то ли … то ли … и … и … и … ни … ни … ни …
54	По-моему, в ресторанах быстрого питания нет ничего хорошего: _____ вкус еды там мне не нравится, _____ атмосфера таких заведений меня не привлекает.	А Б В Г	не то … не то … то ли … то ли … ни … ни … или … или …
55	Те, _____ довелось пережить встречу с дорогим человеком после долгой разлуки, как правило, долго помнят этот счастливый миг.	А Б В Г	с кем кому кто для кого
56	Из-за непогоды пассажирам предстояло такое длительное ожидание в аэропорту, _____ для этого им требовалось проявить огромное терпение.	А Б В Г	какое что будто чтобы
57	Задача данного исследования состоит в том, _____ выявить закономерности вытеснения из употребления исконных слов заимствованными.	А Б В Г	в чём будто бы что чтобы
58	Замечание критика, _____ новый роман известного писателя стилистически небезупречен, глубоко субъективно.	А Б В Г	якобы в котором чтобы как бы

59	Рекомендация экологов состояла в том, _____ строители приостановили работы на время проведения дополнительной экспертизы.	А Б В Г	в чём что как будто чтобы
60	Юристы всерьёз озабочены тем, _____ были нарушены права и свободы человека под предлогом борьбы с терроризмом.	А Б В Г	что не будто бы не если не как бы не
61	Не успели родители уйти в театр, _____ дети уселись играть на компьютере.	А Б В Г	пока лишь только как чтобы
62	Для девушки было очень важно, _____ быстро её возлюбленный сделает ей предложение выйти за него замуж.	А Б В Г	если чтобы когда насколько
63	_____ горнолыжные курорты привлекают всё больше и больше туристов, инвесторы в ожидании высоких прибылей увеличивают вложения в этот бизнес.	А Б В Г	Вопреки тому что Вследствие того что Потому что Ибо
64	В городе так и будут пробки, _____ построят окружную дорогу.	А Б В Г	когда до того что как только до тех пор пока не
65	Стоит войти имениннику, _____ все начнут его поздравлять.	А Б В Г	чтобы так что как что
66	Антон почему-то сегодня весь день гуляет, _____ и знает, что завтра экзамен, а он ещё мало что выучил.	А Б В Г	несмотря на то что вопреки тому что невзирая на то что хотя

67	Изучили бы сначала инструкцию, перед тем как _____ к сборке садовой мебели.	А Б В Г	приступаете приступать приступали бы приступайте
68	Комнату лучше отремонтировать, прежде чем вы _____ её жильцам.	А Б В Г	сдаёте сдадите сдали сдавали
69	Что бы ему самому не _____ колесо? Зачем вызывать эвакуатор?	А Б В Г	поменять поменял поменяло поменялось
70	Даже если в августе я получу отпуск, _____ .	А Б В Г	я не смогу поехать с тобой на дачу я смог бы поехать с тобой на дачу я всё-таки не смог бы поехать с тобой на дачу я поехал с тобой на дачу
71	Надо ещё столько дел закончить, _____ .	А Б В Г	что ночевал на работе даже ночевал на работе хоть ночуй на работе чтобы ночевать на работе
72	Как ни сложно было задание, _____ .	А Б В Г	студент с ним не справился в срок студент бы с ним не справился в срок студент с ним справился в срок студент мог с ним не справиться в срок

73	Сколько ни старалась девушка сама сделать праздничную причёску, _____ .	А	ей пришлось идти к парикмахеру
		Б	она могла не ходить к парикмахеру
		В	она не пошла к парикмахеру
		Г	она всё-таки смогла пойти к парикмахеру

Задания 74–75. Выберите один вариант ответа, который соответствует **значению** выделенных выражений. Отметьте свой выбор в матрице.

74	**И получив водительские права,** Анастасия не водит машину.	А	несмотря на то, что получила водительские права
		Б	так как получила водительские права
		В	после того как получила водительские права
		Г	если получила водительские права
75	Стороны решили считать конфликт исчерпанным, **добившись существенного прогресса** в обсуждении спорных вопросов.	А	ввиду существенного прогресса
		Б	вопреки существенному прогрессу
		В	ради существенного прогресса
		Г	хотя и добились существенного прогресса

ЧАСТЬ 4

Задания 76–94. Выберите один вариант ответа и отметьте его в матрице.

76	Визу в мой паспорт вклеил _____ консульского отдела.	А Б В Г	сотрудник рабочий труженик разработчик
77	Работодателей должен, по-моему, привлечь тот факт, что у меня уже есть 5 лет _____ работы по специальности, хотя я только что закончил вуз.	А Б В Г	практики стажёра стажировки стажа
78	Дедушка с внуком прекрасно понимали друг друга и часто вели _____ разговоры.	А Б В Г	удушливые душевые душевные душные
79	Не выбрасывай яичную _____ ! Это хорошее удобрение для растений.	А Б В Г	шелуху скорлупу кожуру чешую
80	После новогодних каникул с их праздничной суетой, украшениями, ёлкой жизнь кажется скучной и _____ .	А Б В Г	обыденной бытовой будничной будней
81	Я больше люблю читать бумажные книги, чем электронные: мне нравится, как _____ их страницы, когда я их листаю.	А Б В Г	шуршат шипят шумят скрипят
82	Плата за коммунальные услуги может _____ только зарегистрированным гражданам.	А Б В Г	зачисляться вычисляться отчисляться начисляться

83	Все думали, что автогонщик погиб во время соревнований, _____ при столкновении с машиной соперника.	А Б В Г	разбившись добившись отбившись выбившись
84	Не забудь убрать мясо в холодильник, иначе при такой жаре оно _____ .	А Б В Г	скиснет стухнет зачерствеет растает
85	Мошенники _____ в художественной галерее подлинник картины довольно искусной копией.	А Б В Г	отменили переменили применили подменили
86	Пищевая ценность укропа обусловлена содержанием в нём эфирных масел, _____ специфический вкус блюдам из овощей, рыбы, мяса.	А Б В Г	выдающих подающих передающих придающих
87	Перед концертом дирижёр проводил полчаса в одиночестве, чтобы _____ должным образом.	А Б В Г	устроиться настроиться подстроиться пристроиться
88	Смотри, какие чёрные тучи! Вот-вот _____ дождь!	А Б В Г	выльет польёт зальёт нальёт
89	Пожилые люди нередко с трудом _____ лица своих друзей детства.	А Б В Г	припоминают напоминают запоминают упоминают
90	У меня на брюках _____ пуговица, надо не забыть пришить.	А Б В Г	подорвалась сорвалась разорвалась оторвалась

	На пороге экологической катастрофы		
91	После аварийного разлива нефти было важно _____ наступление экологической катастрофы.	А Б В Г	возвратить предотвратить превратить отвратить
92	В связи с этим администрация посёлка решила _____ независимую экологическую экспертизу,	А Б В Г	доказать указать приказать заказать
93	которая была _____ в кратчайшие сроки	А Б В Г	проведена выведена доведена введена
94	и не _____ наличия угрозы причинения существенного вреда окружающей среде.	А Б В Г	проявила заявила предъявила выявила

Задания 95–96. Установите **смысловые соответствия** между **выделенными выражениями** и вариантами ответа. Отметьте свой выбор в матрице.

95	— Аня, я ухожу! — **Скатертью дорога!**	А Б В Г	Всего хорошего! Добро пожаловать! Доброго пути! Убирайся!

96	— Привет! Как твои дела? — **Жизнь бьёт ключом!**	А Б В Г	много неприятностей проблемы с квартирой жизнь наполнена событиями всё спокойно

Задания 97–100. Установите синонимические соответствия между выделенными конструкциями и вариантами ответов. Отметьте один вариант ответа в матрице.

97	Пресс-секретарь заявил, что опубликованные прессой данные о готовящейся продаже фирмы не соответствуют _____ .	А Б В Г	правоте реальности истине действительности
98	Она была разумна и _____, однако всегда была готова помочь друзьям и родственникам деньгами.	А Б В Г	бережлива жадна скупа экономна
99	Пётр Иванович! Сегодня к вам _____ приходил, но имя своё он назвать не захотел.	А Б В Г	кто-нибудь некто кто-то кое-кто
100	Перечитывая отчёт, лаборант _____ свою ошибку.	А Б В Г	обнаружил осознал обвёл одержал

Субтест 2. ЧТЕНИЕ

Инструкция по выполнению теста

- **Время выполнения теста — 60 минут.**

- Тест состоит из 4 частей (25 заданий):

    часть 1 (задания 1–10) — выполняется на основе текста 1;
    часть 2 (задания 11–17) — выполняется на основе текста 2;
    часть 3 (задания 18–20) — выполняется на основе текстов 3, 4, 5;
    часть 4 (задания 21–25) — выполняется на основе текста 6.

- При выполнении заданий части 4 можно пользоваться толковым словарём русского языка.

- Вы получили задания, инструкции к заданиям и матрицы.

- **Напишите в матрице фамилию, страну и дату тестирования.**

- В заданиях нужно выбрать вариант ответа и отметить его в матрице.

Например:

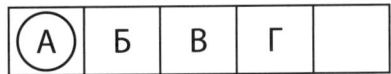

(Вы выбрали вариант А).

Если вы изменили свой выбор, сделайте так:

Например:

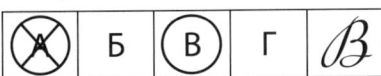

(Ваш выбор — вариант В, вариант А — ошибка).

Отмечайте ваш выбор только в матрице, в тесте ничего не пишите! Проверяться будет только матрица.

ЧАСТЬ 1

Инструкция по выполнению заданий 1–10

- Вам предъявляется фрагмент дискуссии (текст 1), за которым следует краткое изложение содержания этого текста в виде набора предложений.

- Ваша задача — **определить, какие предложения находят соответствие** в содержании текста 1 **и какие такого соответствия не обнаруживают**.

- Внесите свой вариант ответа в матрицу:
  предложения, передающие информацию, **соответствующую** содержанию текста, отметьте в графе **А**;
  предложения, не соответствующие содержанию текста, — в графе Б.

- **Время выполнения задания:** 15 минут.

Задания 1–10. Прочитайте текст 1 и предложения, данные после текста. Выполните задания в соответствии с инструкцией.

Текст 1

«ФИЛОСОФИЯ СЧАСТЬЯ. ПСИХОЛОГИЯ СЧАСТЬЯ. ЭКОНОМИКА СЧАСТЬЯ»

А.Л.: Я не знаю, что такое счастье, но я знаю счастливых людей. И я знаю, что каждый человек может быть счастлив. Это в его власти, это в его воле. Конечно, тут важны условия. Но главное условие — это победа над смертью. Я так думаю. Если он уверен, что смерти нет, то он может быть счастлив. Это освобождает его от страха. Но есть ещё одно условие для счастья. Для человека это очень важно. Человек — это существо, уязвлённое смыслом. Если человек не видит смысла в своей жизни, ему трудно быть счастливым.

И.К.: Я думаю, что человек вообще по природе счастлив, и от этого состояния его отделяют некие особые механизмы, которые непрерывно гонят его к выполнению каких-то важных инстинктивных программ. И в этом смысле, по-моему, самое интересное — это растущий массив доказательств, которые показывают, что с возрастом эти негативные программы нас отпускают. Молодой человек по определению несколько несчастлив. Эта несчастливость, этот стресс гонят молодых людей к реализации. И с возрастом люди делаются просто менее восприимчивы к негативному. Это измеряется с помощью очень точной техники. Вам показывают разные слова — «ужасный», «прекрасный», «замечательный», «чудесный», «плохой», «злой», «хороший», а вы должны быстро нажимать на две кнопки — это хорошее слово или плохое слово? И если вы находитесь в более счастливом состоянии, то понять, что плохое слово — это плохое, вам немножечко труднее — на доли миллисекунды. Вы должны сначала выйти из этого счастливого состояния, потом взвесить. И так можно достаточно точно, как рентгеном, узнать, насколько счастливы люди. Часто учёные знают об этом больше, чем сами люди.

А.М.: В разных культурах разные понимания счастья. В японской, вообще дальневосточной культуре определение «счастливый» относится только к старости. Полным-полно псевдонимов, которые принимали старые художники, просто старые люди — «Счастливый Старец». Счастливый старец — вот определение. «Счастливый молодой человек» — такое выражение невозможно. Факт, что современное общество, превозносящее культ молодости до старости, конечно, нарушает определённые биологические законы.

А.А.: В исследованиях, которые выходят в последнее время в мире, говорится, что опыт XX века показал, что доход на душу населения (во что верил век XIX) никак не преобразуется в ощущение счастья. У человека больше возможностей, больше ресурсов, больше денег, а счастья больше не становится. Правда?

А.Д.: Именно этот парадокс — жить становится все лучше, а счастья не прибавляется. Было зафиксировано, что в благополучных странах, именно там, где высокий уровень жизни, растет количество самоубийств, высокий процент ожирения, использование разных форм психотерапевтической помощи. В общем, деньги есть, а счастья нет. Тогда эта ветка экономистов, которая хотела посмотреть на вопрос практически, сказала: государство, вы у нас тут что-то неправильно работаете. У вас какие-то показатели — ВВП, индекс развития человеческого капитала, здравоохранение и прочие объективные составляющие, а конечного-то результата нет. Тогда они принялись вести статистические измерения, и этим занимаются несколько десятков лет много тысяч человек в разных точках мира. Людям задают вопрос: «Ощущаете ли вы себя счастливым?» Суммируют ответы, показывают статистику. Позиция эта страшно важна для государственной и мировой политики, потому что если властители будут переориентированы с каких-то объективных, как им кажется, показателей, на то, что понимают и воспринимают люди, то они станут вечными властителями, потому что люди будут за них голосовать. Это есть их мотив угодить электорату.

А.А.: Психология, наука убедилась в том, что состояние счастья объективное, как состояние особой радости, гармонии. А вот перевести это слово в управляемую экономическую категорию оказывается очень сложным.

Участники дискуссии высказали следующие мнения:
1) Счастье — утопия, которая сопровождает человечество на протяжении всей его истории.
2) В биологии, психологии существуют объективные способы измерения уровня счастья с помощью технических приборов и

специальных тестов.

3) Молодой человек отягощён необходимостью выполнения определённых программ, и поэтому он менее склонен чувствовать себя счастливым, чем люди старшего возраста.

4) Ученые-позитивисты ищут источник счастья в устройстве головного мозга, в выработке особых гормонов.

5) Рост ВВП, высокий уровень экономического развития не гарантируют счастья жителям той или иной страны.

6) Для человека ощущение счастья неразрывно связано с пониманием смысла собственной жизни.

7) Социологические данные относительно оценки гражданами собственного ощущения счастья важны для государственной политики, могут быть востребованы в предвыборной борьбе.

8) Понятие счастья у разных народов имеет национальные особенности.

9) Счастье поддаётся измерению в экономических показателях.

10) Современному человеку навязывают стереотипы счастья, связанные с ценностями общества потребления.

ЧАСТЬ 2

Инструкция по выполнению заданий 11–17

- Вам будет предъявлен фрагмент интервью с ответами на вопросы корреспондента (текст 2) и отдельно реплики самого корреспондента. Обратите внимание на то, что реплик корреспондента больше, чем ответов.

- Ваша задача — **найти реплику корреспондента,** которая вызвала соответствующий ответ.

- Внесите свой вариант ответа в матрицу.

- **Время выполнения задания:** 15 минут.

Задания 11–17. Прочитайте реплики-ответы (текст 2) и возможные вопросы корреспондента. Выполните задание в соответствии с инструкцией.

Текст 2

ФРАГМЕНТ ИНТЕРВЬЮ С ДИРИЖЁРОМ АЛЕКСАНДРОМ СЛАДКОВСКИМ

(А. Сладковский возглавлял оркестр «Новая Россия» в Москве, в настоящее время — главный дирижер Госоркестра Татарстана)

11. Важно не то, что за спиной или перед глазами. Важно, что ты слышишь в себе. Профессия дирижёра — это профессия внутреннего слуха: на концерте ты перестаёшь ощущать пространство и время и чувствуешь, что связан с какими-то нереальными силами, о чём даже страшно подумать.

12. Во-первых, музыка не допускает фальши. Это тот инструмент, который раскрывает человека, его душу. Это такой момент максимальной честности перед самим собой, потому что от себя сбежать невозможно и обмануть себя невозможно. А ещё это колоссальный выраженный в звуке энергетический заряд. И, если ты всё сделал правильно и концерт прошёл по нарастающей, тогда к финалу люди переживут пик эмоций, будут кричать «Браво!» и уйдут с желанием вернуться в этот зал и ещё раз услышать этот оркестр или этого музыканта.

13. (Задумывается). Контрабас может быть утончённым поэтом, а может — пьяным матросом. Тромбон — это, по сути, инструмент ангела, но он может издавать и такие звуки, что тебя начнет мутить. Скрипка может быть лиричной, душещипательной, трогательной и в то же время фальшивой и мерзопакостной. Трубы и барабаны — это и сигнал тревоги, и торжество победы, и боль по ушедшим товарищам, скорбь по тем, кто остался на поле боя. Арфа — гармоничные переливы и дикие щипки, пронзительные, жёсткие и злые. В мире инструментов все как в жизни. Инструмент может быть очень благородным, поэтичным — и законченным мерзавцем. Здесь перемешано и чёрное, и белое.

14. Не все! Башмет остался, Гергиев остался, Мацуев остался. Денис не просто остался, а начал организовывать фестивали — и не только в Москве, но и на периферии, привозя туда лучшие оркестры, прививая людям интерес и вкус к настоящему искусству.

15. Создать нормальные условия для работы музыкантов в России. Сделать это не так уж сложно — надо просто вкладывать в это деньги. Вспомните 2003 год, когда Путин дал гранты семи главным театрам и оркестрам страны. И этим, по сути, остановил этот «музыкальный исход» за рубеж, иначе всё полетело бы в тартарары. Ситуация постепенно меняется к лучшему — и не только в Казани. В других городах работают очень мощные коллективы, с концертами приезжают мировые звезды. Это же для страны необходимо — чтобы регионы развивались. Не может быть так: в столице живёт культурная, образованная элита, а вне ее — серые, дремучие люди. Такая страна не выживет!

16. И это тоже! Знаете, чем отличается село, в котором есть храм или мечеть, от того села, где его нет? Там, где приход есть, люди начинают работать над собой. Они обращены к высокому, они свою душу настраивают по некоему камертону. И камертон этот — стремление к совершенству. К созиданию. Если мы настроены на созидательный процесс, значит, нам необходимо наличие вещей, которые нашу жизнь делают полнее, содержательнее, — библиотеки, музеи, концертные залы, театры. Это всё среда, в которой люди из быдла и недумающих роботов превращаются в «человеков». Мне кажется, мы никогда не решим проблемы экономические, не решив сперва проблем культуры, образования, воспитания. Это же вопрос самосохранения — сохранения нации, сохранения культурной памяти и культурной среды.

17. Про себя говорить тяжело, скажу про реакцию других — академиков, которые часто приходят к нам на концерты. Однажды после мощнейшего финала 5-й симфонии Чайковского один из этих седовласых старцев сказал: «Жаль, Обама не слышит этой музыки — он бы давно уже всё понял». Русская музыка — это отдельная история. Когда исполняешь или слушаешь наших композиторов, по силе переживаний это несопоставимо ни с чем. Это сильнее, чем любовь! Чайковский, Рахманинов, Шостакович, Прокофьев — титаны. Ты сливаешься с космосом благодаря их таланту. Это та мощь, которую мы имели, имеем и должны иметь.

Реплики корреспондента:

А) Но ведь музыка — лишь сочетание звуков! Почему она так действует на людей?

Б) А вы когда-нибудь испытывали такое — стоишь и думаешь: «Какой же всё-таки великой страны я гражданин!»?

В) Существует ли русская школа дирижёров?

Г) Текучка кадров и мозгов, в том числе и в сфере культуры, — больной вопрос для России. Музыканты ведь тоже в 90-е чуть ли не самолётами улетали на Запад?

Д) Александр, дирижёр — единственный, кто на сцене стоит спиной к залу. А вы чувствуете, что происходит в зале во время концерта?

Е) Какую музыку вы будете исполнять в день своего юбилея?

Ж) Что надо делать, чтобы не бежали?

З) Но как объяснить тем, кто эти деньги даёт, что хорошего будет городу с того, что у него появится оркестр или театр? Люди работать начнут лучше, бумажки на улице перестанут бросать?

И) На каких инструментах вы сами играете?

К) Оркестр — он как мини-государство. А кто есть кто в этом обществе? Трубы, скрипки, контрабас — какие у них характеры?

Л) Почему вы согласились взять руководство Госоркестром Татарстана?

ЧАСТЬ 3

Инструкция по выполнению заданий 18–20

- Вам будут предъявлены три текста (текст 3, текст 4 и текст 5).
- Ваша задача — **выбрать** из каждого текста по **одному** абзацу в соответствии с заданием. Внесите свой вариант ответа в матрицу.
- **Время выполнения задания:** 15 минут.

Задания 18–20. Выберите из каждого текста по одному абзацу, в котором речь идёт **о целевом использовании материнского капитала**.

Задания 18.

Текст 3

ФЕДЕРАЛЬНЫЙ ЗАКОН ОТ 29 ДЕКАБРЯ 2006 Г. № 256-ФЗ

«О дополнительных мерах государственной поддержки семей, имеющих детей»

А. Материнский (семейный) капитал устанавливается в размере 250 000 рублей. Размер материнского (семейного) капитала ежегодно пересматривается с учётом темпов роста инфляции и устанавливается федеральным законом о федеральном бюджете на соответствующий финансовый год и на плановый период. В таком же порядке осуществляется пересмотр размера оставшейся части суммы средств материнского (семейного) капитала.

Б. Распоряжение средствами (частью средств) материнского (семейного) капитала осуществляется лицами, указанными в частях 1 и 3 статьи 3 настоящего Федерального закона, получившими сертификат, путём подачи в территориальный орган Пенсионного фонда Российской Федерации непосредственно либо через многофункциональный центр заявления о распоряжении средствами материнского (семейного) капитала (далее — заявление о распоряжении), в котором указывается направление использования материнского (семейного) капитала в соответствии с настоящим Федеральным законом.

В. Лица, получившие сертификат, могут распоряжаться средствами материнского (семейного) капитала в полном объёме либо по частям по следующим направлениям: улучшение жилищных условий; получение образования ребёнком (детьми); формирование накопительной пенсии для женщин, перечисленных в пунктах 1 и 2 части 1 статьи 3 настоящего Федерального закона; приобретение товаров и услуг, предназначенных для социальной адаптации и интеграции в общество детей-инвалидов.

Задания 19.

Текст 4

ЕСТЬ ЛИ СПОСОБ ОПЛАТИТЬ МАТКАПИТАЛОМ МАШИНУ?

(консультация юриста на интернет-сайте)

А. Материальная помощь от государства семьям с детьми действует в России уже 8 лет. Программа материнского капитала, конечно, не покрывает всех денежных затрат, связанных с содержанием детей. Но некоторые направления жизни граждан позволяет усовершенствовать или облегчить.

Б. По замыслу законодателей средства материнского капитала должны быть использованы в интересах и на нужды детей либо всей семьи.

Цели, на которые может быть направлена помощь государства, указаны в законе. Перечень этот является закрытым и не предполагает иных направлений трат материнского капитала. Покупка автомобиля законом не предусмотрена. Поэтому, несмотря на то, что транспорт для некоторых семей может быть самой первой необходимостью, материнский капитал на машину потратить нельзя.

В. Граждане, решившиеся использовать средства материнского капитала в 2016 году, смогут рассчитывать на 453 026 рублей. Ежегодно семейный капитал индексируется — как целая сумма по сертификату, так и сумма остатков, если капитал частично использован.

(интернет-сайт «Народный консультант»)

Задания 20.

Текст 5

РОЖДАЕМОСТЬ ПРЕВЫШЕ ВСЕГО. КАК РФ УДАЛОСЬ ВЫЛЕЗТИ ИЗ ДЕМОГРАФИЧЕСКОЙ ЯМЫ

А. России удалось достигнуть хороших позиций в области социального обеспечения материнства, считают в Международной организации труда. Действующий в нашей стране комплекс мер по поддержке беременных женщин привёл к демографическому росту. Большой вклад в увеличение рождаемости внёс материнский капитал. По статистике: в 2000-м году рождаемость в РФ находилась на уровне 1,2 млн человек, в 2014-м — уже 1,9 млн человек.

Б. Как социальная выплата материнский капитал возник в 2007 году. Тогда он составлял 250 тысяч рублей, сейчас — 453 тысячи рублей.

В. Эта сумма выплачивается за рождение или усыновление второго, треть его и последующего ребёнка. Это целевые деньги, и идут они исключительно на определённые цели, такие как ипотечный кредит, компенсация строительства или ремонта дома, образование и другие цели. Очевидно, что он и послужил стимулом для повышения рождаемости в России.

(«Аргументы и факты»)

Инструкция по выполнению заданий 21–25

- Вам будет предъявлен отрывок из художественного текста (текст 6).
- Ваша задача — на основании прочитанного **выбрать из ряда данных утверждений правильное**. Внесите вариант ответа в матрицу.
- Вы можете пользоваться толковым словарём русского языка.
- **Время выполнения задания:** 15 минут.

Задания 21–25. Прочитайте текст 6, отрывок из рассказа А.П. Чехова «Дом с мезонином», ответьте на вопросы после текста.

Текст 6

— Останьтесь ещё минуту, — попросил я. — Умоляю вас.

Я снял с себя пальто и прикрыл её озябшие плечи; она, боясь показаться в мужском пальто смешной и некрасивой, засмеялась и сбросила его, и в это время я обнял её и стал осыпать поцелуями её лицо, плечи, руки.

— До завтра! — прошептала она и осторожно, точно боясь нарушить ночную тишину, обняла меня. — Мы не имеем тайн друг от друга, я должна сейчас рассказать всё маме и сестре… Это так страшно! Мама ничего, мама любит вас, но Лида!

Она побежала к воротам.

— Прощайте! — крикнула она.

И потом минуты две я слышал, как она бежала. Мне не хотелось домой, да и незачем было идти туда. Я постоял немного в раздумье и тихо поплёлся назад, чтобы ещё взглянуть на дом, в котором она жила, милый, наивный, старый дом, который, казалось, окнами своего мезонина глядел на меня, как глазами, и понимал всё. Я прошёл мимо террасы, сел на скамье около площадки для тенниса, в темноте под старым вязом, и отсюда смотрел на дом. В окнах мезонина, в котором жила Мисюсь, блеснул яркий свет, потом покойный зелёный — это лампу накрыли абажуром. Задвигались тени... Я был полон нежности, тишины и довольства собою, довольства, что сумел увлечься и полюбить, и в то же время я чувствовал неудобство от мысли, что в это же самое время, в нескольких шагах от меня, в одной из комнат этого дома живет Лида, которая не любит, быть может, ненавидит меня. Я сидел и всё ждал, не выйдет ли Женя, прислушивался, и мне казалось, будто в мезонине говорят.

Прошло около часа. Зелёный огонь погас, и не стало видно теней. Луна уже стояла высоко над домом и освещала спящий сад, дорожки; георгины и розы в цветнике перед домом были отчетливо видны и казались все одного цвета. Становилось очень холодно. Я вышел из сада, подобрал на дороге своё пальто и не спеша побрёл домой.

Когда на другой день после обеда я пришёл к Волчаниновым, стеклянная дверь в сад была открыта настежь. Я посидел на террасе, поджидая, что вот-вот за цветником на площадке или на одной из аллей покажется Женя или донесётся её голос из комнат; потом я прошёл в гостиную, в столовую. Не было ни души. Из столовой я прошёл длинным коридором в переднюю, потом назад. Тут в коридоре было несколько дверей, и за одной из них раздавался голос Лиды.

— Вороне где-то... бог... — говорила она громко и протяжно, вероятно, диктуя. — Бог послал кусочек сыру... Вороне... где-то... Кто там? — окликнула она вдруг, услышав мои шаги.

— Это я.

— А! Простите, я не могу сейчас выйти к вам, я занимаюсь с Дашей.

— Екатерина Павловна в саду?

— Нет, она с сестрой уехала сегодня утром к тёте, в Пензенскую губернию. А зимой, вероятно, они поедут за границу... — добавила она, помолчав. — Вороне где-то... бо-ог послал ку-усочек сыру... Написала?

Я вышел в переднюю и, ни о чём не думая, стоял и смотрел оттуда на пруд и на деревню, а до — Кусочек сыру... Вороне где-то бог послал кусочек сыру...

И я ушёл из усадьбы тою же дорогой, какой пришёл сюда в первый раз, только в обратном порядке: сначала со двора в сад, мимо дома, потом по липовой аллее... Тут догнал меня мальчишка и подал записку. «Я рассказала всё сестре, и она требует, чтобы я рассталась с вами, — прочёл я. — Я была бы не в силах огорчить её своим неповиновением. Бог даст вам счастья, простите меня. Если бы вы знали, как я и мама горько плачем!»

Потом тёмная еловая аллея, обвалившаяся изгородь... На том поле, где тогда цвела рожь и кричали перепела, теперь бродили коровы и спутанные лошади. Кое-где на холмах ярко зеленела озимь. Трезвое, будничное настроение овладело мной, и мне стало стыдно всего, что я говорил у Волчаниновых, и по-прежнему стало скучно жить. Придя домой, я уложился и вечером уехал в Петербург.

Больше я уже не видел Волчаниновых. Как-то недавно, едучи в Крым, я встретил в вагоне Белокурова. Он по-прежнему был в поддёвке и в вышитой сорочке и, когда я спросил его о здоровье, ответил: «Вашими молитвами». Мы разговорились. Имение своё он продал и купил другое, поменьше, на имя Любови Ивановны. Про Волчаниновых сообщил он немного. Лида, по его словам, жила по-прежнему в Шелковке и учила в школе детей; мало-помалу ей удалось собрать около себя кружок симпатичных ей людей, которые составили из себя сильную партию и на последних земских выборах «прокатили» Балагина, державшего до того времени в своих руках весь уезд. Про Женю же Белокуров сообщил только, что она не жила дома и была неизвестно где.

Я уже начинаю забывать про дом с мезонином, и лишь изредка, когда пишу или читаю, вдруг ни с того, ни с сего припомнится мне то зелёный огонь в окне, то звук моих шагов, раздававшихся в поле ночью, когда я, влюблённый, возвращался домой и потирал руки от холода. А ещё реже, в минуты, когда меня томит одиночество и мне грустно, я вспоминаю смутно, и мало-помалу мне почему-то начинает казаться, что обо мне тоже вспоминают, меня ждут и что мы встретимся…

Мисюсь, где ты?

21. В этом фрагменте произведения А.П. Чехова герой _____ .

    А) рассказывает некогда случившуюся историю любви

    Б) анализирует причины разрыва с возлюбленной

    В) досадует на обстоятельства, разрушившие его счастье

22. Женя рассталась с героем и уехала, потому что _____ .

    А) изменила к нему своё отношение

    Б) согласилась с решением матери

    В) подчинилась воле сестры

23. Когда герой приходит в дом Волчаниновых, слова Лиды звучат _____ .

А) со скрытой злостью

Б) нарочито пренебрежительно

В) в нейтральном ключе

24. После получения известия от Жени герой чувствует _____ .

А) смену романтического переживания будничными размышлениями

Б) гнев и раздражение по отношению к Лиде

В) острую обиду на покинувшую его девушку

25. Последняя фраза рассказа «Мисюсь, где ты?» выражает _____ .

А) намерение героя найти любимую девушку

Б) надежду героя на возможную встречу

В) мысль о невозможности счастливой любви

Субтест 3. ПИСЬМО

Инструкция по выполнению теста

- **Время выполнения теста — 75 минут.**
- Тест состоит из 3 заданий.
- При выполнении теста **можно пользоваться толковым словарём.**
- Вы получили задания, инструкции к заданиям и рабочие листы.
- **Напишите на рабочем листе фамилию, имя, страну и дату.**

Инструкция по выполнению задания 1

- Вам будет предъявлен печатный текст.
- Объём предъявляемого текста: 400–500 слов.
- Ваша задача — написать **письмо-сообщение,** включающее анализ и оценку предъявленной в задании информации.
- **Время выполнения задания:** 25 минут.
- **Объём продуцированного текста:** 200–250 слов.

Задание 1. Предположим, ваш русский друг хочет приобрести электромобиль и спрашивает ваше мнение по поводу перспектив массового внедрения электромобилей в будущем. Прочитайте текст и на основе прочитанного **напишите письмо своему русскому знакомому.**

В письме:
- сообщите об источнике информации, который вы используете для соз-

дания своего письма;
- расскажите о преимуществах электромобилей, указанных в тексте;
- укажите описываемые в тексте недостатки электромобилей;
- изложите аргументацию представленных в тексте точек зрения;
- опишите перспективы, которые могут ожидать человечество в будущем при условии дальнейшего развития производства электромобилей;
- выскажите своё отношение к информации, изложенной в статье.

ПОЧЕМУ МИР НЕ ПЕРЕЙДЁТ НА ЭЛЕКТРОМОБИЛИ?

В последнее время электромобили всё чаще встречаются на дорогах. Помимо этого, активно развиваются сети электрозаправочных станций и создаются более комфортные условия для езды именно на электрических видах транспорта. На сегодняшний день всё больше стран выражают намерение запретить продажу на своей территории в обозримом будущем автомобилей с двигателями внутреннего сгорания (ДВС). А в ряде стран даже определились с конкретными сроками, когда этот запрет будет у них введён. В такой обстановке переход на электромобили кажется неизбежным: когда одна страна за другой объявляют бензиновый автомобиль врагом номер один, трудно не поверить в решимость властей и готовность политиков идти до конца.

Какие же преимущества есть у электрокаров? С одной стороны, это низкий уровень шума: за счёт электродвигателя такие автомобили способны обеспечивать тихий и плавный разгон. С другой — безопасность. Электромобили проходят те же процедуры тестирования, что и обычные автомобили. Таким образом, в случае столкновения сработают подушки безопасности, датчики столкновения отключат аккумуляторы, так что электромобиль остановится. Также в электромобилях отсутствуют такие громоздкие элементы как двигатель внутреннего сгорания и коробка переключения передач, присущие привычным нам автомобилям, поэтому в случае аварии вероятность получения тяжёлых травм значительно снижается (ведь при аварии вероятность возгорания автомобиля с двигателем внутреннего сгорания намного выше). Ещё одно преимущество — стоимость. Прошли те времена, когда электромобили стоили огромные деньги. Ранее батареи были очень дорогими, но при массовом производстве их стоимость снижается.

Однако не все эксперты настроены так оптимистично. Многие не верят в реальность отказа от бензиновых автомобилей и переход на автомобили с электротягой. Давайте разберёмся в препятствиях на пути к электромобильному будущему.

Во-первых, для подобного прорыва человечеству просто не хватит сырья. Так, для полного перехода на электромобили Великобритании потребуется половина всей меди, добываемой на Земле за год. И всё это для нужд одной страны, где ездят лишь 31,5 млн автомобилей.

Во-вторых, у бизнеса есть ровно одна причина выпускать электрические автомобили — деньги. Если компании не смогут зарабатывать на производстве электрокаров, то концепция машин с электродвигателем умрёт. И этот процесс, похоже, уже начался.

Ещё одно препятствие — не все страны поддерживают электрификацию. Например, странам, где добывается огромное количество нефти и газа, отказ от бензиновых автомобилей невыгоден.

В-четвёртых, электромобили чудовищно загрязняют окружающую среду! Примерно 38% всего электричества в мире получают с помощью сжигания угля. Добыча угля — один из наиболее грязных процессов человеческой жизнедеятельности. Ради добычи угля массово вырубают леса, а в процессе добычи выделяются токсины, которые отравляют шахтёров и жителей окрестных территорий. До тех пор, пока электричество для электромобилей поступает от угольных электростанций, электрокары будут лишь увеличивать отравление природы.

Таким образом, нельзя однозначно утверждать, что электромобили — шаг в будущее. Сегодня мир вступает в эпоху Четвёртой промышленной революции, но есть ли там место электромобилям — неизвестно.

(По материалам: Авто.ру (auto.ru))

Инструкция по выполнению задания 2

- Вам будет предъявлен печатный текст.
- Объём предъявляемого текста: 300–350 слов.
- Ваша задача — на основании прочитанного текста составить **информационное сообщение делового характера.**
- **Время выполнения задания:** 20 минут.
- **Объём продуцированного текста:** 50–70 слов.

Задание 2. Представьте себе, что вы специалист по работе со студентами в техническом вузе. Прочитайте статью об образовательном проекте «Arzamas». Напишите на основе прочитанного текста **сообщение** студентам, которые интересуются гуманитарными науками.

Для этого:

- выберите из текста необходимую информацию;
- сократите количество предложений и сами предложения, используя общепринятые аббревиатуры;
- оформите деловое письмо для рассылки по электронной почте.

ГИБРИД ОНЛАЙН-УНИВЕРСИТЕТА И ПРОСВЕТИТЕЛЬСКОГО ЖУРНАЛА

Arzamas — это некоммерческий просветительский проект, посвящённый гуманитарному знанию. В основе Arzamas лежат курсы, или «гуманитарные сериалы», — каждый на свою тему. По четвергам на сайте появляются новые курсы по истории, литературе, искусству, антропологии, философии и другим гуманитарным дисциплинам.

Курсы — это сочетание коротких видеолекций, прочитанных блестящими учёными, и материалов, подготовленных редакцией: справочных заметок и длинных статей, фотогалерей и фрагментов кинохроники, цитат из забытых книг и интервью со специалистами — всего, что поможет полнее раскрыть тему. Сейчас на сайте около 40 курсов (среди них есть, например, «Любовь при Екатерине Великой» и «Социология как наука о здравом смысле», «Русское военное искусство» и «Византия для начинающих», «Архитектура как средство коммуникации» и «Русский авангард» и многие, многие другие курсы).

Все курсы бесплатны.

Кроме того, на сайте есть «Журнал» — большой раздел, в котором ежедневно появляются любопытные материалы, не связанные напрямую с темами курсов. Здесь можно прочитать интервью с учёными, редкие архивные документы, обзоры книг, дайджесты, выписки, цитаты и многое другое (даже детская рубрика есть).

Проект Arzamas имеет свой канал на YouTube. Подробнее о проекте можно узнать на его сайте (http://arzamas.academy) или на официальных страницах Arzamas в сетях Facebook и «ВКонтакте».

А как оценивает важность гуманитарного знания основатель проекта Arzamas Филипп Дзядко?

**Из интервью основателя проекта
Филиппа Дзядко**

«Я убеждён, просвещение всегда актуально, тем более в России, тем более сейчас. И это та область, в которую необходимо вкладывать деньги, силы и время. Культура сближает».

«Мы будем собирать вместе людей, знания, создавать вместе с ними входные билеты в разные эпохи и темы, показывать, что гуманитарное знание — это не что-то бесполезное и скучное, а инструмент, с помощью которого можно сделать очень многое. Например, это идеальный связной и самый верный собеседник, спасающий от одиночества, беспамятства и исчезновения».

«Я не знаю человека, которому то, что мы рассказываем, было бы неинтересно. Это и для студентов, и для их родителей, для аудитории Первого канала ТВ и "Дождя". Гуманитарное знание обладает бешеным зарядом объединения, и я хотел бы, чтобы Arzamas был одним из способов объединять людей».

(По материалам: http://arzamas.academy/about)

Инструкция по выполнению задания 3

- Вам предлагается для рассмотрения **общечеловеческая проблема** (вы можете выбрать одну из трёх предложенных проблем).
- Ваша задача — выразить свои размышления на заданную тему в форме эссе.
- **Время выполнения задания:** 30 минут.
- **Объём продуцированного текста:** 150–200 слов.

Задание 3. Напишите **рассуждение-эссе**, в котором изложите свои размышления на одну из предложенных тем:

- «Социальное неравенство в современном мире»;
- «Глобализация мировой экономики как источник международных конфликтов»;
- «Роль средств массовой информации в жизни современного человека».

При этом вы должны:

определить и изложить:

- в чём состоит проблема;
- каковы объективные и субъективные причины возникновения проблемы;
- каковы пути решения проблемы;

оценить:

- актуальность и значимость проблемы;
- характер своего участия в решении проблемы.

Субтест 4. АУДИРОВАНИЕ

Инструкция по выполнению теста

- **Время выполнения теста — 35 минут.**
- Тест состоит из 4 частей (25 заданий).
- При выполнении теста **пользоваться словарём нельзя.**
- Вы получили задания, инструкции к заданиям и матрицу.
- **Напишите в матрице фамилию, имя, страну и дату.**
- Слушайте аудиотексты и смотрите видеосюжеты.
- **Все материалы демонстрируются ОДИН раз.**
- В заданиях нужно выбрать один вариант ответа и отметить его в матрице.

Например:

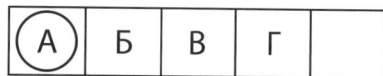

(Вы выбрали вариант А).

Если вы изменили свой выбор, сделайте так:

Например:

(Ваш выбор — вариант В, вариант А — ошибка).

Отмечайте ваш выбор только в матрице, в тесте ничего не пишите! Проверяться будет только матрица.

ЧАСТЬ 1

Инструкция по выполнению заданий 1–4

- **Задания 1–4** выполняются после прослушивания диалога.
- **Время выполнения задания:** 3 минуты.
- **Время звучания диалога:** 30 секунд.

Задания 1–4. Прослушайте фрагмент полилога трёх женщин (мамы, бабушки и внучки) и выберите вариант ответа к каждому из заданий.

1. **Мама девушки говорит с _____ интонацией.**

    А) угрожающей

    Б) ироничной

    В) жалобной√

2. **Бабушка _____ .**

    А) пытается разрядить обстановку

    Б) осуждает свою внучку

    В) поддерживает свою дочь

3. **Мама девушки озабочена _____ .**

    А) взаимопониманием в семье

    Б) проблемами личной жизни дочери

    В) отношением дочери к учёбе

4. **Девушка _____ .**

    А) соглашается с позицией матери, хотя и не сразу

    Б) идёт на открытый конфликт с матерью

    В) соглашается с матерью, но при определённом условии

ЧАСТЬ 2

Инструкция по выполнению заданий 5–11

- **Задания 5–11** выполняются после просмотра видеозаписи полилога.
- **Время выполнения задания:** 7 минут.
- **Время звучания полилога:** 3 минуты.

Задания 5–11. Посмотрите фрагмент видеозаписи кинофильма «Отцы и деды» и выберите вариант ответа к каждому из заданий.

5. Люся пригласила Семёна Ильича, чтобы вместе с ним подумать, как _____ .

А) отпраздновать именины отца

Б) изменить семейный статус отца

В) тактично высказать замечания отцу

6. На предложения Люси мужчины _____ .

А) реагируют крайне неохотно

Б) откликаются с полной готовностью

В) отвечают категорическим отказом

7. Свою точку зрения Люся отстаивает с помощью _____ .

А) жёстких требований

Б) мягких просьб

В) настойчивых уговоров

8. В ходе разговора Семён Ильич _____ .

А) проявляет сговорчивость

Б) демонстрирует равнодушие

В) не уступает своих позиций

9. Сеня и Леша знают друг друга со времён _____ .

    А) учёбы в школе

    Б) службы в армии

    В) начала работы

10. По мнению Люси, счастье мужчин обеспечивают женщины с _____ .

    А) хорошим характером

    Б) высшим образованием

    В) безупречным вкусом

11. На вопрос удивлённой Люси папа отвечает _____ .

    А) со стыдом

    Б) со страхом

    В) с гордостью

Инструкция по выполнению заданий 12–18

- **Задания 12–18** выполняются после прослушивания аудиозаписи монолога.
- **Время выполнения задания:** 8 минут.
- **Время звучания монолога:** 4 минуты.

Задания 12–18. Прослушайте фрагмент лекции биолога Николая Никитина о вакцине и выберите вариант ответа к каждому из заданий.

12. По словам биолога, вакцина _____ .

А) нужна для того, чтобы не заболеть

Б) помогает легче перенести болезнь

В) не помогает, а провоцирует болезнь

13. Вариоляция — это _____ .

А) ревакцинация

Б) ранний аналог вакцинации

В) антивакцинация

14. Эдвард Дженнер _____ .

А) доказал, что натуральная оспа и коровья оспа родственны

Б) разработал вакцину от натуральной оспы

В) разработал вакцину от коровьей оспы

15. Эдвард Дженнер проводил опыты на _____ .

А) животных

Б) людях

В) себе

16. Термин «вакцина» произошёл от слова _____ .

А) «корова»

Б) «прививка»

В) «микроб»

17. Проведенный опыт Эдварда Дженнера _____ .

А) закончился благополучно

Б) закончился летальным исходом

В) оказался бесполезным

18. Речь биолога Николая Никитина относится к _____ .

А) официально-деловому стилю

Б) публицистическому стилю

В) научному стилю

Инструкция по выполнению заданий 19–25

- **Задания 19–25** выполняются после прослушивания аудиозаписи интервью.
- **Время выполнения задания:** 7 минут.
- **Время звучания аудиотекста:** 4 минуты.

Задание 19–25. Прослушайте отрывок из интервью с российским артистом Максимом Виторганом и выберите вариант ответа к каждому из заданий.

19. По словам Максима Виторгана, гениальность _____ .

   А) достигается упорным трудом

   Б) не поддаётся никаким объяснениям

   В) свойственна актёрам его возраста

20. Максим Виторган, считает, что среди артистов его возраста _____ .

   А) встречаются в основном посредственные актёры

   Б) практически нет гениальных актёров

   В) есть актёры, гениально исполнившие отдельные роли

21. Максим Виторган считает, что везение и случай в карьере актёра _____ .

   А) могут сыграть свою роль, но не более того

   Б) определяют профессиональный путь

   В) играют главную или существенную роль

22. Из фрагмента этого интервью можно понять, что Максим Виторган _____ .

А) считает себя талантливым, но невезучим актёром

Б) не всегда хотел быть актёром

В) критически относится к себе как к актёру

23. Во время беседы с журналисткой Максим Виторган _____ .

А) агрессивно воспринимает вопросы

Б) скептически отвечает на вопросы

В) часто уходит от прямого ответа

24. Актёр считает, что каждый человек _____ .

А) может проявить себя на своём месте

Б) должен стремиться к идеалу

В) не может прыгнуть выше своей головы

25. Максим Виторган производит впечатление _____ .

А) рассудительного человека с чувством юмора

Б) эрудированного человека

В) неуверенного в себе актёра

Субтест 5. ГОВОРЕНИЕ

Инструкция по выполнению теста

- **Время выполнения теста — 45 минут.**
- Вы получили задания и инструкции к заданиям.
- Тест состоит из 3 частей (15 заданий).
- Задания 1–4, 5–8, 9–12 и 15 выполняются без предварительной подготовки.
- Ваш собеседник — тестор. Это означает, что роль вашего собеседника в соответствии с предъявленным заданием выполняет тестор.
- **При подготовке и выполнении заданий пользоваться словарём нельзя.**
- Все ваши ответы записываются на электронный носитель.

ЧАСТЬ 1

Инструкция по выполнению заданий 1–4

- Ваша задача — **поддержать полилог.**
- Задание выполняется **без подготовки.**
- **Время выполнения задания:** 1,5 минуты.
- **Пауза для ответа:** 10 секунд.

Задания 1–4. Предположим, вы с друзьями подключились к одному интернет-провайдеру и сейчас обмениваетесь мнениями о качестве получаемых услуг. Ваши точки зрения совпадают. Выскажите аналогичное мнение другими языковыми средствами.

1. – Новый провайдер — просто чудо! Скорость интернета очень высокая.
   – О да! Не то слово! Интернет просто летает!
   – _____.

2. – Оператор установил мне дешёвый тариф. Я очень довольна!
   – Мне тоже интернет обходится совсем недорого.
   – _____.

3. – А ещё компания проводит различные акции и дарит скидки.
   – Точно, мне, например, подключили 20 бесплатных телеканалов!
   – _____.

4. – Также у них есть круглосуточная техническая поддержка.
   – Да, это так удобно в случае сбоев работы интернета!
   – _____.

Инструкция по выполнению заданий 5–8

- Ваша задача — **ответить на реплики собеседника** в соответствии с заданной ситуацией и указанным намерением.
- **Время выполнения задания:** 2 минуты.
- **Пауза для ответа:** 10 секунд.

Задания 5–8. Вы разговариваете с другом, который завтра должен выступать с серьёзным докладом на конференции. Он не уверен в себе. **Убедите** его в том, что он сможет выступить прекрасно. В ваших аргументах вы должны использовать **разные** речевые средства **переубеждения**.

5. – Я боюсь, что тема моего доклада никому не интересна.

– _____.

6. – Мне кажется, я всё забуду и ничего не смогу рассказать. Даже прочитать не смогу.

– _____.

7. – Мой доклад невозможен без таблиц. Их надо обязательно показать. Но мой коллега сказал, что таблицы делают любой доклад скучным.

– _____.

8. – Я не смогу уложиться в 20 минут. У меня слишком много материала.

– _____.

Инструкция по выполнению заданий 9–12

- Вам будут предъявлены 4 реплики в письменном виде.
- **Ваша задача — воспроизвести реплики с интонацией**, соответствующей намерению, которое предложено в задании.
- **Задание выполняется без подготовки.**
- **Время выполнения задания:** 1,5 минуты.

Задания 9–12. Поддержите диалог, используя слова, данные в задании. Для выражения заданного намерения произнесите их с соответствующей **интонацией.**

9. **Выразите сомнение:**

   (— На выборах победит Пётр Ильин.)

   — **Не думаю. У него сильные противники.**

10. **Выразите возмущение:**

    (— Ты абсолютно не думаешь о своей семье!)

    — **Не думаю?! Да всё, что я делаю — только ради них!**

11. **Выразите восторг:**

    (— Завтра в нашем театре состоится премьера нового спектакля.)

    — **Здорово! У нас редко бывают актёры мирового уровня!**

12. **Выразите заинтересованность:**

    (— Рядом с нашим домом открылась новая пекарня.)

    — **Правда? Там есть булочки с творогом? А кофе можно купить?**

ЧАСТЬ 2

Инструкция по выполнению задания 13

- **Задание 13** выполняется после просмотра видеосюжета.

- **Ваша задача — составить монолог-рассуждение** на морально-этическую тему. В качестве примеров и иллюстраций при рассуждении используйте материалы видеосюжета.

- **Длина видеосюжета**: 3 минуты.

- **Время на подготовку**: 5 минут.

- **Время выполнения задания**: 6–7 минут.

Задание 13. Вы участвуете вместе с вашими коллегами или знакомыми в обсуждениивопроса **«Как не стать жертвой индустрии красоты»**. Выскажите свою точку зрения по данному вопросу. В качестве иллюстрации используйте материалы видеосюжета.

Ваше рассуждение должно включать:

- морально-этическую оценку поведения людей в предложенной ситуации;
- вывод-обобщение по теме.

Инструкция по выполнению задания 14

- Вы инициатор диалога.
- **Ваш собеседник — тестор.**
- Ваша задача — **провести деловой разговор**, целью которого является разрешение конфликтной ситуации.
- **Время выполнения задания:** 3 минуты.
- **Время на подготовку:** 5 минут.

Задание 14. Вы директор фирмы «Флорист», которая занимается составлением композиций и букетов из цветов. Недавно вы получили жалобу от одного из клиентов (см. стр. 54). **Проведите** с менеджером, отвечавшим за составление и доставку букета, **разговор**, в ходе которого

вы должны:

- обозначить тему/предмет разговора;
- выяснить причины (объективные и субъективные), приведшие к конфликту;
- высказать собственный взгляд на случившееся;
- объявить о своём решении.

Директору
интернет-магазина
«Флорист»
г-ну Зайцеву И.И.
от Алексеевой В.П.

ЖАЛОБА

Довожу до вашего сведения, что 10 марта 2021 г. я через интернет заказала букет для своей матери. Я попросила доставить букет по названному адресу вечером в день её рождения — 15 марта в 20:00.

К сожалению, ваша фирма испортила нам праздник. Букет доставили не вечером, а утром. Поэтому сегодня, когда у мамы будут гости, не будет сюрприза. А мы хотели, чтобы оригинальный букет мама получила от нас при гостях.

Во-вторых, мы предупреждали, что на некоторые цветы у мамы аллергия. Но в вашем букете они были! Утром, в день рождения, у мамы на лице появились красные пятна.

Я считаю, качество работы вашей фирмы безобразным. Если сегодня вы не примете меры и не исправите ситуацию, я напишу в интернете самый плохой отзыв о работе вашей фирмы и обращусь в «Общество потребителей» с просьбой закрыть её.

15 марта 2021 г.
Алексеева В.П.

ЧАСТЬ 3

Инструкция по выполнению задания 15

- Вы должны принять участие в **обсуждении** определённой **проблемы**.

- **Ваш собеседник — тестор.**

- **Ваша задача** — в процессе беседы **высказать и отстоять свою точку зрения** на возможности решения обсуждаемой проблемы.

- Задание выполняется **без подготовки**.

- **Время беседы:** не более 15 минут.

Задание 15. Примите участие в беседе на тему, предложенную тестором. Тема может относиться к одной из следующих сфер: экономике, экологии, науке и образованию, культуре, социальным проблемам и так далее. Сферу обсуждения можете выбрать вы, а тему вам предложит тестор.

2부 정답

Контрольные матрицы

ЛЕКСИКА. ГРАММАТИКА

어휘, 문법 영역 정답

МАКСИМАЛЬНОЕ КОЛИЧЕСТВО БАЛЛОВ — 150.

		ЧАСТЬ 1			
1	А	Б	**В**	Г	1
2	**А**	Б	В	Г	1
3	А	Б	**В**	Г	1
4	**А**	Б	В	Г	1
5	А	Б	**В**	Г	1
6	А	**Б**	В	Г	1
7	А	Б	**В**	Г	1
8	А	Б	В	**Г**	1
9	А	Б	**В**	Г	1
10	А	Б	**В**	Г	1
11	А	**Б**	В	Г	1
12	А	Б	В	**Г**	1
13	А	Б	**В**	Г	1
14	составлен/издан*				1
15	рассматривается/изучается; рассмотрен/исследован/освещается*				1
16	адресован/адресуется; предназначен/предназначается*				1
17	интересуется/занимается*				1
18	А	**Б**	В	Г	1
19	А	**Б**	В	Г	1
20	А	Б	В	**Г**	1
21	А	Б	**В**	Г	1
22	А	**Б**	В	Г	1
23	А	Б	**В**	Г	1
24	А	Б	В	**Г**	1
25	А	Б	В	**Г**	1
		ЧАСТЬ 2			
26	А	Б	**В**	Г	1
27	**А**	Б	В	Г	1
28	А	**Б**	В	Г	1
29	А	Б	В	**Г**	1
30	А	**Б**	В	Г	1
31	А	**Б**	В	Г	1
32	**А**	Б	В	Г	1
33	**А**	Б	В	Г	1
34	А	Б	В	**Г**	1
35	**А**	Б	В	Г	1

* В заданиях 14–17 правильными ответами считаются также синонимы указанных в матрице слов.

#	A	Б	В	Г	
36	А	Б	**В**	Г	1
37	А	Б	В	**Г**	1
38	**А**	Б	В	Г	1
39	А	**Б**	В	Г	1
40	**А**	Б	В	Г	1
41	А	**Б**	В	Г	1
42	А	Б	**В**	Г	1
43	А	Б	**В**	Г	1
44	**А**	Б	В	Г	1
45	А	Б	В	**Г**	1
46	А	Б	**В**	Г	1
47	А	**Б**	В	Г	1
48	А	Б	В	**Г**	1
49	А	Б	**В**	Г	1
50	А	Б	В	**Г**	1

ЧАСТЬ 3

#	A	Б	В	Г	
51	**А**	Б	В	Г	1
52	А	**Б**	В	Г	1
53	А	Б	**В**	Г	1
54	А	Б	**В**	Г	1
55	А	**Б**	В	Г	1
56	А	**Б**	В	Г	1
57	А	Б	В	**Г**	1
58	**А**	Б	В	Г	1
59	А	Б	В	**Г**	1
60	А	Б	В	**Г**	1
61	А	Б	**В**	Г	1

#	A	Б	В	Г	
62	А	Б	В	**Г**	1
63	А	**Б**	В	Г	1
64	А	Б	В	**Г**	1
65	А	Б	**В**	Г	1
66	А	Б	В	**Г**	1
67	А	**Б**	В	Г	1
68	А	**Б**	В	Г	1
69	**А**	Б	В	Г	1
70	**А**	Б	В	Г	1
71	А	Б	**В**	Г	1
72	А	Б	**В**	Г	1
73	**А**	Б	В	Г	1
74	**А**	Б	В	Г	1
75	**А**	Б	В	Г	1

ЧАСТЬ 4

#	A	Б	В	Г	
76	**А**	Б	В	Г	1
77	А	Б	В	**Г**	1
78	А	Б	**В**	Г	1
79	А	**Б**	В	Г	1
80	**А**	Б	В	Г	1
81	**А**	Б	В	Г	1
82	А	Б	В	**Г**	1
83	**А**	Б	В	Г	1
84	А	**Б**	В	Г	1
85	А	Б	В	**Г**	1
86	А	Б	В	**Г**	1
87	А	**Б**	В	Г	1

88	А	**Б**	В	Г	1
89	**А**	Б	В	Г	1
90	А	Б	В	**Г**	1
91	А	**Б**	В	Г	1
92	А	Б	В	**Г**	1
93	**А**	Б	В	Г	1
94	А	Б	В	**Г**	1
95	А	Б	В	**Г**	1
96	А	Б	**В**	Г	1
97	А	**Б**	**В**	**Г**	1
98	**А**	Б	В	**Г**	1
99	А	**Б**	**В**	Г	1
100	**А**	**Б**	**В**	Г	1

ЧТЕНИЕ

읽기 영역 정답

МАКСИМАЛЬНОЕ КОЛИЧЕСТВО БАЛЛОВ — 150.

1	А	**Б**									
2	**А**	Б									
3	**А**	Б									
4	А	**Б**									
5	**А**	Б									
6	**А**	Б									
7	А	**Б**									
8	**А**	Б									
9	А	**Б**									
10	А	**Б**									
11	А	Б	В	Г	**Д**	Е	Ж	З	И	К	Л
12	**А**	Б	В	Г	Д	Е	Ж	З	И	К	Л
13	А	Б	В	Г	Д	Е	Ж	З	И	**К**	Л
14	А	Б	В	**Г**	Д	Е	Ж	З	И	К	Л
15	А	Б	В	Г	Д	Е	**Ж**	З	И	К	Л
16	А	Б	В	Г	Д	Е	Ж	**З**	И	К	Л
17	А	**Б**	В	Г	Д	Е	Ж	З	И	К	Л

18	А	Б	**В**							
19	А	**Б**	В							
20	А	Б	**В**							
21	**А**	Б	В							
22	А	Б	**В**							
23	А	Б	**В**							
24	**А**	Б	В							
25	А	**Б**	В							

ПИСЬМО
쓰기 영역 예시 답안

Задание 1. **Предположим, ваш русский друг хочет приобрести электромобиль и спрашивает ваше мнение по поводу перспектив массового внедрения электромобилей в будущем. Прочитайте текст и на основе прочитанного напишите письмо своему русскому знакомому.**

Вариант ответа

Катя, привет! Надеюсь, у тебя все хорошо. Прошлый раз ты говорила, что думаешь о покупке электроавтомобиля, и хотела узнать моё мнение по этому поводу. Как раз недавно в интернете на сайте «Авто.ру» я прочитал статью об электромобилях и хотел поделиться с тобой её содержанием.

В статье говорится о том, почему мир всё-таки не перейдёт на электромобили. Как ты знаешь, в последнее время многие страны призывают к переходу от обычных бензиновых автомобилей к электрокарам. Основными преимуществами электрокаров в статье называют следующие. Во-первых, низкий уровень шума, так как благодаря электродвигателю у таких машин тихий и плавный разгон. Во-вторых, немаловажным преимуществом таких машин является безопасность. В-третьих, электромобили уже не стоят огромных денег, как это было раньше.

Но, несмотря на все эти преимущества, многие специалисты все-таки сомневаются в полном переходе на электромобили. Одной из причин является нехватка сырья для производства таких автомобилей. Также отказ от использования обычных автомобилей с двигателем внутреннего сгорания будет невыгоден странам, экономика которых строится на добыче нефти и газа. К тому же это приведёт к исчезновению концепции электромобилей, и компании не смогут зарабатывать на этом деньги. Помимо всего этого, автор замечает, переход на использование электрических двигателей всё равно не решит проблему загрязнения воздуха, поскольку электричество тоже нужно откуда-то брать. И пока не придумали ничего лучшего и, что немаловажно, недорогого, чем производство электричества традиционными способами, т.е. используя углеводородное сырьё. Поэтому, если энергию и дальше будут получать подобным образом, переход на использование электрокаров будет только ещё больше загрязнять природу.

Мне кажется, автор статьи приводит достаточно убедительные аргументы о сложности массового внедрения электромобилей в будущем. Если у тебя есть свободное время, советую почитать эту статью. Мне было бы интересно услышать от тебя комментарии к статье. Буду ждать ответное письмо.

До скорой встречи, Паша.

Задание 2. **Представьте себе, что вы специалист по работе со студентами в техническом вузе. Прочитайте статью об образовательном проекте «Arzamas». Напишите на основе прочитанного текста сообщение студентам, которые интересуются гуманитарными науками.**

Вариант ответа

Уважаемые студенты!

Просветительский проект «Arzamas» предоставляет всем любителям гуманитарных наук бесплатные курсы, - так называемые «гуманитарные сериалы». На сайте проекта вы можете найти около 40 видеолекций по различным гуманитарным наукам. Все лекции читаются известными учёными. Помимо курсов на сайте есть большой раздел «Журнал», материалы которого обновляются ежедневно. А в YouTube проект «Арзамас» имеет свой канал, на который вы можете подписаться бесплатно.

Если у вас возникнут вопросы, пожалуйста, обращайтесь по телефону или на наш сайт.

С уважением,
Олег Попов,
сотрудник по работе со студентами.

Задание 3. Напишите рассуждение-эссе, в котором изложите свои размышления на одну из предложенных тем:

- **«Социальное неравенство в современном мире»;**

- **«Глобализация мировой экономики как источник международных конфликтов»;**

- **«Роль средств массовой информации в жизни современного человека».**

Вариант ответа

«Социальное неравенство в современном мире»

Идеальное общество, описанное в социальных утопиях типа «Города солнца» Кампанеллы всегда было мечтой человечества. В идеальном обществе люди ценили и уважали бы друг друга за трудолюбие, ум, доброта, милосердие. К этому, кстати, призывают и все мировые религии. По факту же мы видим, что главными критериями отношений между людьми остаются, как и много лет назад, размер дохода и социальное положение, вернее, власть.

В нашем реальном мире люди рождаются и живут в разных природных и социальных условиях, обладают разными способностями и умениями, имеют разные ценности и жизненные приоритеты. Тем не менее, каждый человек хочет достичь в жизни социального и материального успеха. Если государство помогает в этом, а не мешает, - люди чувствуют себя более социально защищёнными. К сожалению, я не могу назвать ни одну страну в мире, где государство старалось бы решить этот вопрос с максимальной заботой о своих гражданах. Где-то социальный «лифт» работает лучше, где-то хуже, но нигде – идеально. И проблема социального неравенства, как существовала многие века, так и существует до сих пор.

Ещё раз хочется отметить, что роль государства в решении этой проблемы трудно переоценить. Только на государственном уровне можно решить вопросы доступности образования, медицинского обслуживания, пенсионного обеспечения и т.п. Но не менее важно и формирование общественного мнения по отношению к разным социальным категориям населения. А в этом вопросе не обойтись ни без участия государства (в котором главный прицип – «закон один для всех»), ни без СМИ и школьного воспитания.

Например, я, как журналист, стараюсь рассказывать своим читателям о том, что только то общество способно развиваться, в котором ценность человека зависит не от размера кошелька, а от его вклада в общественный труд.

АУДИРОВАНИЕ

듣기 영역 정답

МАКСИМАЛЬНОЕ КОЛИЧЕСТВО БАЛЛОВ ЗА ТЕСТ – 150.

№					№				
1	**А**	Б	В	б	20	А	Б	**В**	б
2	**А**	Б	В	б	21	**А**	Б	В	б
3	А	Б	**В**	б	22	А	Б	**В**	б
4	А	**Б**	В	б	23	А	Б	**В**	б
5	А	**Б**	В	б	24	**А**	Б	В	б
6	**А**	Б	В	б	25	**А**	Б	В	б
7	А	Б	**В**	б					
8	А	Б	**В**	б					
9	**А**	Б	В	б					
10	**А**	Б	В	б					
11	А	Б	**В**	б					
12	**А**	Б	В	б					
13	А	**Б**	В	б					
14	**А**	Б	В	б					
15	А	**Б**	В	б					
16	**А**	Б	В	б					
17	**А**	Б	В	б					
18	А	**Б**	В	б					
19	А	**Б**	В	б					

녹음 원문

ЧАСТЬ 1

Задания 1–4. Прослушайте фрагмент полилога трёх женщин (мамы, бабушки и внучки) и выберите вариант ответа к каждому из заданий.

Мама: Не надо ничего придумывать. Допридумывались уже.

Бабушка: Лена, всё не так трагично, как ты думаешь…

Мама: С тобой, мам, будет отдельный разговор… (дочери) а теперь ты, дочь. Я хочу тебе сообщить, что с этого дня, Олеся, у тебя начинается абсолютно новая жизнь. Я лично буду сопровождать тебя прямо до аудитории, а дядя Серёжа лично будет контролировать твою посещаемость. И только попробуй мне пропустить хоть одну лекцию.

Дочь (кричит): А вот только не надо так со мной разговаривать! Распоряжения будешь давать у себя на работе, а я тебе не подчинённая!

Мама (решительно): Алеся…

ЧАСТЬ 2

Задания 5–11. Посмотрите фрагмент видеозаписи кинофильма «Отцы и деды» и выберите вариант ответа к каждому из заданий.

Люся: А это Роза Борисовна, бывшая наша соседка… Готовит — пальчики оближешь! Вот! Интеллигентнейшая женщина. Главбух из моего музыкального училища.

Паша: Дааааа, батя у нас дефицитный жених.

Семён Ильич: Ярмарка невест. Да если Лёшка захочет жениться, он сам себе невесту найдёт.

Люся: Во-во-во-во. Этот кошмар мы уже наблюдали, в ресторане.

Паша: Люсь, я чёт не понимаю. Ты ему жену ищешь или себе соседку по кухне подбираешь?

Люся: И соседку тоже. Между прочим, от того, как ладят женщины на кухне, зависит вся ваша мужская жизнь. А вдруг пойдут споры, ссоры? Нет, ты что, хочешь, чтоб папа отделился от нас, ушёл из дома? Разбить нашу семью хочешь?

Паша: Да ничего я не хочу.

Люся: Вот и я этого не хочу. (Семену Ильичу) Семён Ильич, ну, миленький, ну, ну хорошенький, мы же уже договорились, правда же. Ну, не в ЗАГС же, а просто в гости! Ну не понравится — не надо. А вдруг?

Семён Ильич: Ну что вдруг-вдруг, ну я же вас знаю.

Люся: Ну вот именно, поэтому вас и пригласили! Чтоб с учётом вкуса вашего друга рассмотреть все достоинства и недостатки кандидатур.

Семён Ильич: Э, да. Если хотите узнать о недостатках женщины — скажи что-нибудь хорошее о ней её подругам. (смеются) Только, не помню, кто об этом, кто-то сказал…

Люся (перебивает): Ой, ну это всё уже известно. Я, вот, тихо… Я прошу обратить внимание на Юлию Васильевну.

Семён Ильич: Ууу, нет, эта хуже всех. Она похожа на нашу с Лёшкой классную руководительницу.

Люся: Ну я не знаю… Неужели вы не можете понять! Ему нужен человек. Близкий человек рядом!

Паша: Вам быть, что же?

Семён Ильич: Ну так-то она так… Но только не пройдут у вас никакие смотрины с Лёшкой.

Люся: Да не смотрины, а именины! Завтра у папы именины! Ну, что, я не могу пригласить в гости свою старшую подругу? (мужчине) Паш, а ты за столом в разговорах так ненавязчиво создаёшь образ отца.

Паша: Какой ещё образ?

Люся: Привлекательный! Такой, какой он есть! Труженик! Умница!

Семён Ильич (тихо): Да…

Люся (продолжает): Не пьёт, не курит! Мягкий характер… Аккуратист!

Семён Ильич: Лёшка!

Лёшка: Сеня! Здорово.

Люся: Папа, что это с вами?

Лёшка: Чё-чё… Подрался.

ЧАСТЬ 3

Задания 12–18. **Прослушайте фрагмент лекции биолога Николая Никитина о вакцине и выберите вариант ответа к каждому из заданий.**

Вакцина — это биологический препарат, который нацелен на то, чтобы наша иммунная система подготовилась ко встрече с реальным патогеном, будь то вирус или бактерия. Соответственно, на самом деле с точки зрения нашей иммунной системы совершенно неважно, это вакцина или это реальный вирус, патогенный, потому что реагирует она на эти два препарата совершенно одинаково. Но, соответственно, вакцина помогает нам в будущем при встрече с вирусной инфекциейили бактериальной инфекцией уже отреагировать таким образом, что человек не может заболеть. Ещё до вакцинации существовала вариоляция — это такая процедура, она известна давно и существовала и в Древнем Китае, и в Древней Индии, и связана с вирусом натуральной оспы. В общем-то, это довольно серьёзная была угроза с высокой летальностью и так далее. И вариоляция означала то, что у людей, которые болели оспой, брали высохшие корочки, которые у них на коже образовывались, растирали их в порошок и, соответственно, ими либо в нос, там, вдували, либо царапинки делали на поверхности кожи. То есть фактически заражали здорового человека и таким образом вырабатывали у него иммунитет. Но, естественно, этот способ, который состоял из введения в человека, в общем-то, патогенного вируса, к сожалению, приводил в том числе и к серьёзным заболеваниям натуральной оспой, в том числе и смертности. И, если говорить уже о вакцинации, то первая вакцина — это довольно популярная такая история. Связана с английским врачом, — сельским врачом, что очень важно, —Эдвардом Дженнером. Он жил в Великобритании, в сельской местности. И, соответственно, он заметил, что доярки, которые работают, соответственно, с коровами, … при соприкосновении с ними, если коровы болеют своим видом оспы, вот, оспа коров, то они уже не заболевают натуральной оспой. На самом деле история говорит о том, что об этом знали и раньше, и на самом деле существуют истории, которые говорят о том, что в разных других частях света уже в принципе такой метод применяли. Но Эдвард Дженнер подвёл под это научную теорию. Он доказал, что вирус натуральной оспы и вирус оспы коров — это вирусы одного семейства, и он действительно показал, что если заразить, ну, или втереть вот этот порошок из пустулы оспы коров человеку, то привстрече с натуральной оспой он уже не заболеет. Соответственно, все мы знаем историю, как он, соответственно, привил мальчика и после этого заразил его настоящей натуральной оспой. Конечно, такие эксперименты сейчас не допустит никто, и никто, конечно, так не делает, потому что мальчик мог и умереть. Но, к счастью, ожидания Эдварда Дженнера оправдались, и он действительно показал, что вакцинация, — от слова «вакка», «корова», — вирусом оспы коров предотвращает от заболевания вирусом натуральной оспы человека.

ЧАСТЬ 4

Задания 19–25. **Прослушайте отрывок из интервью с российским артистом РФ Максимом Виторганом и выберите вариант ответа к каждому из заданий.**

Ирина Шихман: Так вот: как определяется гениальность актёра?

Максим Виторган: Аааа, нет-нет… Давайте следующий вопрос. Я не знаю. Нет, смотрите, я вам скажу: значит, я определяю очень просто. Вот для меня личная градация такая — значит, у меня бывают случаи, когда я не понимаю, как актёр это делает. Вот просто не понимаю. Ну то есть я не вижу инструмента, из чего он это делает, из чего это состоит. Это не значит, что когда я вижу инструмент — это плохо. Выдающееся умение, выдающиеся способности, выдающееся мастерство и так далее. Но бывают случаи, когда я просто не понимаю, из чего это сделано. Вот как он это… Я смотрю на него и не вижу, этих самых, ниточек, понимаете? И это, конечно, ощущение гениальности создаёт, да.

И.Ш.: А есть вашего возраста сегодня гениальные актёры?

М.В.: Есть гениальные работы вот в той градации, в которой я говорю. Там, например, я не знаю там, у Жени Миронова их энное количество, вот, конечно, конечно есть. Например, я очень люблю Костю Хабенского — конечно, да, конечно, есть. Но вообще много очень хороших артистов.

И.Ш.: Но вот чисто актёрски они реально обладают каким-то мастерством, которое вам неподвластно, или им тупо просто повезло.

М.В.: Нет, нет. Смотрите, уровень… Степень значимости вообще случая и везения очень высока, действительно так, действительно так. И я знаю, например, выдающихся артистов по своим способностям, у которых, — ещё и постарше меня, — у которых просто вообще ничего, ноль, не сложилась судьба. Но сказать, что просто Хабенскому повезло, а мне нет — так сказать нельзя, это будет как-то очень неправильно всё-таки, понимаете. Вот поэтому нет, конечно, они артисты значительно больших способностей, чем я, безусловно, конечно.

И.Ш.: А вы это понимаете. Как-то вот вы смотрите..?

М.В.: Ну я же не дурак! Ну как я…

И.Ш.: Ну я не знаю, Максим, правда не…

М.В.: Ну я, во-первых, не дурак, во-вторых, чуть-чуть понимаю в профессии. Ну, конечно, не…

И.Ш.: Это вы приняли однажды, что «нет, я не такой выдающийся». Это же тяжело для себя осознавать.

М.В.: Блин, ну я просто разбираюсь в этом. Ну как, ну если вы производите автомобиль «Жигули», и он лучше, чем автомобиль «Запорожец», вы же не можете не признавать, что он хуже, чем автомобиль «Мерседес». (смеётся) Понимаете? Ну это же странно будет. Это моя профессия, я в этом понимаю.

И.Ш.: Какое чувство это вызывает, когда ты однажды себе в этом признаёшься честно?

М.В.: Ну, послушайте, вы переживаете по поводу того, что вы не ведёте главное шоу интервью на канале CNN («си-эн-эн»)?

И.Ш.: Нет. Ну, нет такой цели.

М.В.: Ну вы уверены, что у вас нет такой цели? Если вам завтра позвонят и предложат это сделать, вы скажете «ой нет, у меня нет такой цели, я не буду это делать?». Вы делаете на том участке, на котором вы делаете, стараетесь делать максимально хорошо, стараетесь его расширить каким-то образом, вам вообще в принципе интересно строить беседу каждый отдельный раз, ну, например, я там не знаю…

И.Ш.: Да-да-да.

М.В.: Понимаете, да. Вам интересно вести психологический поединок, там, каждый раз и так далее. У вас есть масса других ещё вещей, которые существуют помимо иерархической лестницы.

И.Ш.: Угу.

М.В.: …понимаете? Поэтому, ну, конечно, да. Ну, послушайте, ну я понимаю, что я никогда в жизни не буду играть так, как играет Миронов Ленина, например, в этом сериале. Ну, это, это мне неподвластно, я так не могу.

ГОВОРЕНИЕ
말하기 영역 예시 답안

Задания 1–4. Предположим, вы с друзьями подключились к одному интернет-провайдеру и сейчас обмениваетесь мнениями о качестве получаемых услуг. Ваши точки зрения совпадают. Выскажите аналогичное мнение другими языковыми средствами.

1.
Вариант ответа

– Новый провайдер — просто чудо! Скорость интернета очень высокая.
– О да! Не то слово! Интернет просто летает!
– Согласен. Очень быстрый интернет. Провайдер – что надо!

2.
Вариант ответа

– Оператор установил мне дешёвый тариф. Я очень довольна!
– Мне тоже интернет обходится совсем недорого.
– Я тоже плачу совсем мало. Если учитывать качество интернета, это просто копейки.

3.
Вариант ответа

– А ещё компания проводит различные акции и дарит скидки.
– Точно, мне, например, подключили 20 бесплатных телеканалов!
– Мне тоже подключили бесплатные каналы и сделали 50% скидку на первые три месяца.

4.
Вариант ответа

– Также у них есть круглосуточная техническая поддержка.
– Да, это так удобно в случае сбоев работы интернета!
– Действительно, это особенно важно сейчас, когда часто приходится работать на дому.

Задания 5–8. Вы разговариваете с другом, который завтра должен выступать с серьёзным докладом на конференции. Он не уверен в себе. Убедите его в том, что он сможет выступить прекрасно. В ваших аргументах вы должны использовать разные речевые средства переубеждения.

5.

Вариант ответа

— Я боюсь, что тема моего доклада никому не интересна.
— По этому поводу можешь даже не переживать. Ты выбрал очень актуальную тему.

6.

Вариант ответа

— Мне кажется, я всё забуду и ничего не смогу рассказать. Даже прочитать не смогу.
— Да ладно! Ты же так много готовился! Я уверен, что у тебя всё получится.

7.

Вариант ответа

— Мой доклад невозможен без таблиц. Их надо обязательно показать. Но мой коллега сказал, что таблицы делают любой доклад скучным.
— А мне кажется, наоборот, информация в таблицах зрительно воспринимается намного лучше.

8.

Вариант ответа

— Я не смогу уложиться в 20 минут. У меня слишком много материала.
— Что ты! У тебя ещё достаточно времени. Ты можешь немного сократить текст. Я тебе помогу.

Задание 13. **Вы участвуете вместе с вашими коллегами или знакомыми в обсуждениивопроса «Как не стать жертвой индустрии красоты». Выскажите свою точку зрения по данному вопросу. В качестве иллюстрации используйте материалы видеосюжета.**

Вариант ответа

Многие люди, особенно женщины, в той или иной степени недовольны своей внешностью и хотят выглядеть моложе и привлекательнее. Такое желание людей совершенно объяснимо. Никто не будет спорить с тем, что внешность играет, конечно, не главную, но очень важную роль в нашей жизни.

В стремлении выглядеть красивее и моложе люди готовы тратить большие деньги на покупку омолаживающих сывороток и другой косметики, различных медицинских препаратов и даже ложатся под нож пластических хирургов. А, как говорится, спрос рождает предложение. Однако на фоне быстрого развития индустрии красоты появляется все больше мошенников, желающих заработать легкие деньги.

На примере данного эпизода из фильма мы можем наглядно увидеть, как женщины становятся жертвами таких недобросовестных «специалистов». В надежде похудеть героини фильма приходят на тестирование нового препарата, который, по словам его создателя, поможет сбросить лишний вес без каких-либо диет. Однако, как мы можем догадаться, этот препарат не такой замечательный, как его представляют. Уже на следующий день у всех участниц тестирования появились побочные эффекты. Мы видим, как мужчина без зазрения совести обманывает клиенток и совершенно не испытывает вины. И всё это только ради того, чтобы заработать побольше денег.

К сожалению, и в реальной жизни подобные случаи не редкость. Ради денег некоторые готовы обманывать и вредить здоровью других людей. Поэтому мы должны быть очень осторожны при выборе косметических и других услуг индустрии красоты.

Задание 14. **Вы директор фирмы «Флорист», которая занимается составлением композиций и букетов из цветов. Недавно вы получили жалобу от одного из клиентов (см. стр. 54). Проведите с менеджером, отвечавшим за составление и доставку букета, разговор, в ходе которого**

Вариант ответа

А: Анна Владимировна, здравствуйте, присаживайтесь. Несколько дней назад я получил жалобу от нашей клиентки. Она жалуется, что заказанный ею букет был доставлен не вовремя и содержал в своем составе цветы, на которые у получателя букета аллергия. Я бы хотел услышать от вас объяснения по этому поводу.

Б: Да, это действительно так. Я лично принимала данный заказ. Однако в день составления букета и доставки я не смогла выйти на работу, так как плохо себя чувствовала.

А: Я понимаю, что по состоянию здоровья вы не смогли выйти на работу, но вы были обязаны передать всю информацию о заказе другому сотруднику.

Б: Все пожелания клиентки я передала другому сотруднику по телефону, но забыла предупредить, что у получателя букета аллергия на некоторые цветы. Мне очень жаль.

А: Анна Владимировна, вы понимаете, что ваша ошибка могла угрожать здоровью и жизни человека. Если мы не примем меры, клиентка намерена обратиться в «Общество потребителей» с просьбой закрыть наш магазин.

Б: Я все понимаю. Сегодня я лично напишу письмо с извинениями клиентке и постараюсь больше не допускать подобных ошибок.

А: Хорошо. Надеюсь, вы больше не допустите подобных ошибок, иначе мне придется принять соответствующие меры. Можете идти.

Задание 15. **Примите участие в беседе на тему, предложенную тестором. Сферу обсуждения можете выбрать вы, а тему или проблему обсуждения предложит вам тестор. Это может быть обсуждение в сфере экономики, экологии, науки и образования, культуры, социальных проблем и т.д.**

Образец беседы

1. Сценарий речевого поведения тестора: Ввод в проблему, запрос мнения

Реплика-стимул: – Насколько важной вы считаете демографическую проблему в мире?

Реплика-реакция тестируемого: – Мне кажется, демографическая проблема является одной из важнейших социальных проблем. Поскольку она напрямую связана с благополучием каждого из нас и наших потомков, а также ведёт за собой ряд культурных, экологических, экономических и других проблем. В настоящее время этот вопрос стоит очень остро во многих странах мира.

Схема речевого поведения тестируемого: Высказывание мнения

2. Сценарий речевого поведения тестора: Запрос уточнения информации

Реплика-стимул: – Уточните, пожалуйста, в чём именно состоит демографическая проблема?

Реплика-реакция тестируемого: : – Демографическая проблема в первую очередь состоит в неравномерном приросте населения и угрозе перенаселения. В развитых странах идёт сильное сокращение молодого населения и увеличение числа людей пожилого возраста, так называемое демографическое старение. А численность населения стран с низким уровнем социального и экономического развития, наоборот, растёт очень быстрыми темпами, что может привести к перенаселению планеты. Говорят, что уже к 2050 году на Земле будет жить около 10 миллиардов человек.

Схема речевого поведения тестируемого: Уточнение информации

3. Сценарий речевого поведения тестора: Запрос разъяснения мнения

Реплика-стимул: – Объясните, почему вы считаете демографическую проблему настолько важной?

Реплика-реакция тестируемого: – Во-первых, сильный прирост населения может привести к нехватке пресной воды и продуктов питания, а также топливно-энергетических и других природных ресурсов. Например, уже в наше время в некоторых районах Африки дети умирают от голода и нехватки питьевой воды. Во-вторых, как всем известно, большая численность населения Земли оказывает плохое воздействие на окружающую среду, загрязняя её. В-третьих, неравномерный прирост населения может привести к массовым миграциям, которые в свою очередь станут причиной межэтнических конфликтов. В последнее время мы всё чаще можем наблюдать, как европейцы недовольны политикой своего правительства, которые принимают у себя в стране беженцев из стран Африки и других бедных регионов. В-четвёртых, встанет проблема нехватки рабочих мест. Даже сейчас многие молодые люди страдают от безработицы.

Схема речевого поведения тестируемого: Разъяснение мнения

4. Сценарий речевого поведения тестора: Запрос информации

Реплика-стимул: Каковы же основные причины неравномерного прироста населения?

Реплика-реакция тестируемого: – Существует несколько причин неравномерного прироста населения. Например, в развитых странах резкое сокращение численности населения связанно с высоким уровнем образования, хорошим качеством жизни, а также развитием технологий и медицины. В страх Европы, Северной Америки и некоторых развитых странах Азии у людей на первом месте стоит желание развивать себя как личность. Поэтому они не спешат заводить семью и детей. Также они понимают всю ответственность, которую они на себя берут, рожая детей. Поэтому, прежде чем заводить семью, они стараются достичь финансовой стабильности. В бедных же регионах планеты, наоборот, из-за отсутствия или низкого уровня образования, а также из-за страха остаться без помощи в старости наблюдается высокая рождаемость.

Схема речевого поведения тестируемого: Информация

5. Сценарий речевого поведения тестора: Запрос оценочного суждения

Реплика-стимул: – А как вы оцениваете существующую ситуацию в мире?

Реплика-реакция тестируемого: – Я думаю, что через несколько десятков лет нас ждёт критическая ситуация. Хотя правительства некоторых стран и проводят демографическую политику, поддерживая рождаемость или наоборот стараясь снизить её, ситуация в мире становится всё хуже. Численность населения бедных стран постоянно растёт, в то время как в развитых странах люди всё реже хотят иметь детей. Если в развитых странах правительство ещё может как-то повлиять на рождаемость, то в слаборазвитых странах Африки это сделать очень сложно, практически невозможно.

Схема речевого поведения тестируемого: Выражение оценочного суждения

6. Сценарий речевого поведения тестора: Запрос обоснования

Реплика-стимул: – Почему вы думаете, что в бедных странах правительству сложно влиять на рождаемость?

Реплика-реакция тестируемого: – Как я говорил(-а) ранее, одной из причин высокой рождаемости в этих странах является низкий уровень образования или же полное его отсутствие. Чтобы сократить рождаемость необходимо проводить различные мероприятия и лекции по планированию семьи. Но это представляется невозможным, так как у жителей этих стран нет даже элементарных базовых знаний. Также в бедных странах слабое медицинское обслуживание и нет препаратов и средств, которые могли бы предотвращать беременность. А у мирового сообщества нет столько денег, чтобы снабжать их всем необходимым.

Схема речевого поведения тестируемого: Обоснование

7. Сценарий речевого поведения тестора: Запрос сравнения

Реплика-стимул: – А если сравнить слаборазвитые страны Африки с Китаем, где на данный момент самая большая численность населения?

Реплика-реакция тестируемого: – По моему мнению, в отличие от стран Африки, где в некоторых регионах люди отличаются крайней безграмотностью, в Китае можно предпринять какие-то меры. Поскольку там развита медицина и большинство людей получило хоть какое-то базовое образование. Правительство Китая также предпринимает различные меры, направленные на ограничение рождаемости. Хотя это и не очень правильно запрещать людям иметь столько детей, сколько они хотят, однако при нынешней ситуации в мире, я считаю, проведение подобной политики может стать одним из способов решения проблемы перенаселения. Поскольку, как мне кажется, запрещать рожать много детей более гуманно, чем потом видеть, как эти дети умирают от голода.

Схема речевого поведения тестируемого: Сравнение

8. Сценарий речевого поведения тестора: Запрос примера

Реплика-стимул: – А какая демографическая ситуация у вас в стране и какие меры принимаются правительством для её улучшения?

Реплика-реакция тестируемого: – В Южной Корее, наоборот, очень низкая рождаемость. Демографическая ситуация в нашей стране оставляет желать лучшего. В прошлом году у нас был зафиксирован самый низкий уровень рождаемости, а правительство даже говорит об угрозе демографического кризиса. На данный момент Южная Корея считается одной из самых развитых стран мира. Жители нашей страны привыкли много работать и заниматься саморазвитием. К сожалению, в последнее время многие девушки не стремятся выходить замуж и заводить детей. Они мечтают о хорошей карьере и хотят реализовать себя как профессионала в какой-нибудь сфере, а не в материнстве. Также мы очень серьёзно относимся к браку и воспитанию детей. Перед тем как создавать семью мы усердно работаем, чтобы обеспечить будущего ребёнка всем необходимым. Подобная тенденция низкой рождаемости ведёт к нехватке трудоспособного населения, в связи с чем появляется необходимость в привлечении рабочей силы из других стран. Однако большой приток в Корею иностранных граждан из Китая, Индии, Юго-Восточной и Средней Азии и других менее благополучных регионов может привести к различным этническим и культурным проблемам. Сейчас правительство усердно разрабатывает ряд мер, направленных на повышение рождаемости. Одной из таких мер является оказание денежной помощи матерям.

Схема речевого поведения тестируемого: Приведение примера

9. Сценарий речевого поведения тестора: Запрос предположения

Реплика-стимул: – Как вы думаете, смогут ли предпринятые вашим правительством меры изменить ситуацию в стране?

Реплика-реакция тестируемого: – Сложно ответить на этот вопрос. Я думаю, рождаемость увеличится, но совсем не значительно. Возможно те, кто хотел иметь детей, но не имел на это финансовую возможность, всё же решатся родить хотя бы одного ребёнка. Однако в Корее много и тех, кто просто не хочет заводить детей, или тех, которые так и не нашли того, с кем бы захотели создать семью. Мне кажется, это очень серьёзная социальная проблема корейского общества.

Схема речевого поведения тестируемого: Высказывание предположения

10. Сценарий речевого поведения тестора: Запрос вывода

Реплика-стимул: – Что же мировое сообщество должно предпринять, чтобы предотвратить неравномерный прирост населения?

Реплика-реакция тестируемого: – Да, так как это проблема затрагивает весь мир, мировое сообщество должно сплотиться для её решения. Развитым странам нужно не только проводить правильную демографическую политику внутри страны, но и помогать слаборазвитым странам. Необходимо регулировать численность населения через планирование семьи, а также найти другие правильные и эффективные способы реализации демографической политики. Также в развитых странах наряду с демографической политикой необходимо также проводить более жёсткую миграционную политику. А в бедных странах помимо проведения демографической политики необходимо применять меры по повышению социального уровня и образования населения. Мировое сообщество должно как-то подействовать на правительства стран со слабым уровнем развития для предотвращения перенаселения планеты.

Схема речевого поведения тестируемого: Вывод

답안지

Рабочие матрицы

ЛЕКСИКА. ГРАММАТИКА

Имя, фамилия_____ Страна_____ Дата_____

ЧАСТЬ 1				
1	А	Б	В	Г
2	А	Б	В	Г
3	А	Б	В	Г
4	А	Б	В	Г
5	А	Б	В	Г
6	А	Б	В	Г
7	А	Б	В	Г
8	А	Б	В	Г
9	А	Б	В	Г
10	А	Б	В	Г
11	А	Б	В	Г
12	А	Б	В	Г
13	А	Б	В	Г
14				
15				
16				
17				
18	А	Б	В	Г
19	А	Б	В	Г
20	А	Б	В	Г
21	А	Б	В	Г
22	А	Б	В	Г
23	А	Б	В	Г
24	А	Б	В	Г
25	А	Б	В	Г

ЧАСТЬ 2				
26	А	Б	В	Г
27	А	Б	В	Г
28	А	Б	В	Г
29	А	Б	В	Г
30	А	Б	В	Г
31	А	Б	В	Г
32	А	Б	В	Г
33	А	Б	В	Г
34	А	Б	В	Г
35	А	Б	В	Г
36	А	Б	В	Г
37	А	Б	В	Г
38	А	Б	В	Г
39	А	Б	В	Г
40	А	Б	В	Г
41	А	Б	В	Г
42	А	Б	В	Г
43	А	Б	В	Г
44	А	Б	В	Г
45	А	Б	В	Г
46	А	Б	В	Г
47	А	Б	В	Г
48	А	Б	В	Г
49	А	Б	В	Г
50	А	Б	В	Г

ЧАСТЬ 3					
51	А	Б	В	Г	
52	А	Б	В	Г	
53	А	Б	В	Г	
54	А	Б	В	Г	
55	А	Б	В	Г	
56	А	Б	В	Г	
57	А	Б	В	Г	
58	А	Б	В	Г	
59	А	Б	В	Г	
60	А	Б	В	Г	
61	А	Б	В	Г	
62	А	Б	В	Г	
63	А	Б	В	Г	
64	А	Б	В	Г	
65	А	Б	В	Г	
66	А	Б	В	Г	
67	А	Б	В	Г	
68	А	Б	В	Г	
69	А	Б	В	Г	
70	А	Б	В	Г	
71	А	Б	В	Г	
72	А	Б	В	Г	
73	А	Б	В	Г	
74	А	Б	В	Г	
75	А	Б	В	Г	

ЧАСТЬ 4					
76	А	Б	В	Г	
77	А	Б	В	Г	
78	А	Б	В	Г	
79	А	Б	В	Г	
80	А	Б	В	Г	
81	А	Б	В	Г	
82	А	Б	В	Г	
83	А	Б	В	Г	
84	А	Б	В	Г	
85	А	Б	В	Г	
86	А	Б	В	Г	
87	А	Б	В	Г	
88	А	Б	В	Г	
89	А	Б	В	Г	
90	А	Б	В	Г	
91	А	Б	В	Г	
92	А	Б	В	Г	
93	А	Б	В	Г	
94	А	Б	В	Г	
95	А	Б	В	Г	
96	А	Б	В	Г	
97	А	Б	В	Г	
98	А	Б	В	Г	
99	А	Б	В	Г	
100	А	Б	В	Г	

ЧТЕНИЕ

Имя, фамилия_____ Страна_____ Дата_____

1	А	Б	В							
2	А	Б	В							
3	А	Б	В							
4	А	Б	В							
5	А	Б	В							
6	А	Б	В							
7	А	Б	В							
8	А	Б	В							
9	А	Б	В							
10	А	Б	В							
11	А	Б	В	Г	Д	Е	Ж	З	И	К	Л
12	А	Б	В	Г	Д	Е	Ж	З	И	К	Л
13	А	Б	В	Г	Д	Е	Ж	З	И	К	Л
14	А	Б	В	Г	Д	Е	Ж	З	И	К	Л
15	А	Б	В	Г	Д	Е	Ж	З	И	К	Л
16	А	Б	В	Г	Д	Е	Ж	З	И	К	Л
17	А	Б	В	Г	Д	Е	Ж	З	И	К	Л
18	А	Б	В							
19	А	Б	В							
20	А	Б	В							
21	А	Б	В							
22	А	Б	В							
23	А	Б	В							
24	А	Б	В							
25	А	Б	В							

ПИСЬМО

Имя, фамилия _____ Страна _____ Дата _____

ПИСЬМО

Имя, фамилия _____ **Страна** _____ **Дата** _____

ПИСЬМО

Имя, фамилия _____ Страна _____ Дата _____

АУДИРОВАНИЕ

Имя, фамилия _____ Страна _____ Дата _____

1	А	Б	В
2	А	Б	В
3	А	Б	В
4	А	Б	В
5	А	Б	В
6	А	Б	В
7	А	Б	В
8	А	Б	В
9	А	Б	В
10	А	Б	В
11	А	Б	В
12	А	Б	В
13	А	Б	В
14	А	Б	В
15	А	Б	В
16	А	Б	В
17	А	Б	В
18	А	Б	В
19	А	Б	В
20	А	Б	В
21	А	Б	В
22	А	Б	В
23	А	Б	В
24	А	Б	В
25	А	Б	В

Дорога в Россию идет через Пушкинский дом!
러시아로 가는 길에 뿌쉬낀하우스가 있습니다!

러시아 교육문화센터
뿌쉬낀하우스 는

www.pushkinhouse.co.kr

2002년 러시아와 한국을 잇는 문화적 가교의 역할을 담당하고자 하는 취지로 개원하여 러시아어 교육과 러시아 관련 도서의 출판, 문화교류 등의 분야에서 선도적인 역할을 하고 있습니다.

뿌쉬낀하우스
온라인스쿨 은

lecture.pushkinhouse.co.kr

10여 년 동안 러시아어 교육분야에서 쌓아온 최고의 노하우를 여러분께 공개합니다.
이제 러시아어 전문 강사가 제공하는 최고의 강의를 온라인에서도 만나실 수 있습니다.